Lisa Frieda Cossham
Plötzlich Rabenmutter?

Buch

Es gibt unzählige Ratgeber für Eltern und solche, die es werden wollen. Sie erklären uns, wie wir eine gesunde Eltern-Kind-Beziehung fördern, wie wir sie stärken und festigen können. Sie behandeln besondere Zeiten wie das Trotzalter, die Pubertät und die Leere nach dem Auszug von erwachsenen Kindern, das sogenannte Empty-Nest-Syndrom. Was aber ist mit der Leere von Eltern, die sich getrennt haben und ihre Kinder immer aufs Neue verabschieden müssen?
Gemeinsam mit der Chefredaktion des *Süddeutsche Zeitung Magazins* beschließt Lisa Frieda Cossham 2015, genau darüber zu berichten, und zwar in Form einer Kolumne, die den prägnanten Titel »Teilzeit-Mutter« trägt. Sie erzählt, wie sie ihre Töchter als nur mehr halbe Mutter wahrnimmt, sie erzählt von der Schuld, die sie empfindet, weil sie Jan für einen anderen Mann verlassen hat, und denkt, dass es einigen Müttern ähnlich gehen wird. Stattdessen stellt sie fest: Viele Leserinnen sehen das ganz anders. Sie schreiben wütende Kommentare und werfen ihr vor, egoistisch gehandelt zu haben. Unbeabsichtigt findet sich unsere Autorin in einer Debatte um die Frage wieder, was eine gute Mutter ausmacht. In diesem Buch erzählt sie, welchen Vorurteilen sie begegnet und warum das Ringen darum, Familie zu bleiben, sich lohnt.

Autorin

Lisa Frieda Cossham, geboren 1979 in Berlin, ist der Familientradition folgend mit 22 Mutter geworden. Sie hat Theaterwissenschaft studiert, ein zweites Kind bekommen und nach ihrem Magisterabschluss die Deutsche Journalistenschule besucht. Nach Praktika bei der *Süddeutschen Zeitung* und dem *SZ-Magazin* begann sie, als freie Journalistin zu arbeiten, und schreibt seither für verschiedene Frauenmagazine wie NIDO, Stern u. a.
2013 trennte sie sich von ihrem Mann, mit dem sie sich seitdem die Kinder teilt. Was das bedeutet, erzählt die Autorin in ihrer Kolumne »Teilzeit-Mutter« auf sz-magazin.de und in diesem Buch.

Besuchen Sie uns auch auf www.facebook.com/blanvalet
und www.twitter.com/BlanvaletVerlag

LISA FRIEDA COSSHAM

Plötzlich Raben Mutter?

Wie ich meine Familie verließ
und mich fragte, ob ich das darf

blanvalet

Der Verlag weist ausdrücklich darauf hin, dass im Text
enthaltene externe Links vom Verlag nur bis zum Zeitpunkt
der Buchveröffentlichung eingesehen werden konnten.
Auf spätere Veränderungen hat der Verlag keinerlei Einfluss.
Eine Haftung des Verlags ist daher ausgeschlossen.

Verlagsgruppe Random House FSC® N001967

1. Auflage
Copyright © 2017 by Lisa Frieda Cossham
© 2017 by Blanvalet in der Verlagsgruppe Random House GmbH,
Neumarkter Str. 28, 81673 München
Redaktion: Nadine Lipp
Umschlaggestaltung: semper smile, München
KW · Herstellung: sam
Satz: Uhl + Massopust, Aalen
Druck und Bindung: GGP Media GmbH, Pößneck
Printed in Germany
ISBN 978-3-7341-0375-9

www.blanvalet.de

Inhalt

Vorwort

Ein Montagmorgen, ich bringe Martha und Louise zur U-Bahnstation Sendlinger Tor. Ich begleite sie zum Gleis. Bleibe stehen und beobachte, wie sie sich in den vollen Waggon zwängen. Ich winke. Ich bin eine Mutter, die ihre Kinder zur Schule schickt und sie erst in acht Tagen wiedersehen wird, wenn die Vaterwoche herum ist. Wir erziehen unsere Töchter getrennt und doch gemeinsam. Ich bleibe stehen, schaue der U-Bahn hinterher, dann laufe ich zur Treppe und denke darüber nach, wie viele Teilzeiteltern in diesem Moment ihre Kinder verabschiedet haben. Vielleicht trinken sie einen Coffee-to-go auf den Abschiedsschmerz, lesen die Zeitung, um sich abzulenken. Vielleicht empfinden sie nichts. Stolpern in den Tag. Wir wissen kaum etwas übereinander. Die Herausforderungen, die das Kinderteilen mit sich bringt, machen wir vor allem mit uns selbst aus. In diesem Moment entscheide ich, dass ich über diesen Alltag schreiben will, in dem die Verhältnisse verrückt sind.

Es gibt unzählige Ratgeber für Eltern und solche, die es werden wollen. Sie erklären uns, wie wir eine gesunde Eltern-Kind-Beziehung fördern, wie wir sie stärken und festigen können. Sie behandeln besondere Zeiten wie das Trotzalter, die Pubertät und die Leere nach dem Auszug von erwachsenen Kindern, das Empty-Nest-Syndrom. Was aber ist mit der Leere der Teilzeiteltern, die ihre Kinder ständig verabschieden müssen? Zum Thema Wechselmodell sind bisher sechs deutschsprachige Publikationen erschienen. Teilzeiteltern müssen selbst herausfinden, wie sie eine Erziehungspartnerschaft führen, wie sie mit der Nähe umgehen, die sich vor der Trennung entwickelt hat und die sie nun vermissen.

Dieses Buch soll kein Ratgeber sein. Ich gebe keine Tipps, denn jede Familie, auch jede getrennte, ist einmalig. Ich teile meine Beobachtungen in der Hoffnung, dass sie Eltern auffangen und trösten, die vor ähnlichen Herausforderungen stehen wie ich. Sich die Erziehungsarbeit auch nach der Trennung gleichberechtigt zu teilen bedeutet für beide Eltern zunächst einen Verzicht. Auf gemeinsame Zeit mit dem Kind. Auf Nähe. Darauf, jeden Entwicklungsschritt des Kindes begleiten zu können. Weniger Mutter oder Vater sein, wer will das schon? Kinder verabschieden in einem Alter, in dem weder die Kinder noch ihre Eltern dazu bereit sind. Eigentlich. Doch das sich wandelnde Rollenverständnis von Vätern und Müttern und eine Politik, die sich bemüht – wenn auch zaghaft –, gleichberechtigte Erziehungsarbeit zu fördern, beeinflussen nicht nur das Leben der klassischen Familien, sondern auch das der getrennten. Wie viele von ihnen das Wechselmodell leben, sich die Betreuung hälftig teilen, wird nicht erfasst. Es ist jedoch davon auszugehen, dass die paritätische Erziehungspartnerschaft, wie Wissenschaftler dieses Betreuungsmodell nennen, sowohl in der Forschung als auch in der Praxis an Bedeutung gewinnt.

Ich schreibe aus der Perspektive einer Teilzeit-Mutter. Ich bin davon überzeugt, dass auch Teilzeitväter ihre Kinder vermissen und ähnliche Gefühle haben wie Teilzeit-Mütter. Doch während das Wechselmodell eine Aufwertung für den Vater darstellt, weil er sich die Verantwortung gleichberechtigt mit der Mutter teilt und sich der öffentlichen Wahrnehmung nach mehr kümmert als ein Wochenendvater, bedeutet es für die Mutter eine Abwertung: Von einer guten Mutter, das ist meine Erfahrung, erwartet man, dass sie immer präsent ist und nicht freiwillig auf Zeit mit ihren Kindern verzichtet – ganz gleich aus welchen Gründen.

Aber das ist mir nicht bewusst, als ich mich mit der Chefredaktion des *Süddeutsche Zeitung Magazins* im Juli 2015 einige, für ihre Online-Ausgabe eine Kolumne zu schreiben. Wir nennen sie Teilzeit-Mutter. Sie erscheint wöchentlich. Es werden 52 Folgen und einige von ihnen finden Eingang in dieses Buch. Ich erzähle, wie ich als nur mehr halbe Mutter meine Töchter Martha und Louise wahrnehme, wie wir uns entfremden, wieder annähern und eine neue Beziehung zueinander entwickeln. Ich erzähle von der Schuld, die ich empfinde, weil ich Jan für einen anderen Mann, Paul, verlassen habe. Ich beschreibe, wie ich jede zweite Woche meine Töchter vermisse und gar nicht weiß, wie ich meine neue Freiheit annehmen kann, ohne mich wie eine Rabenmutter zu fühlen. Ich bewege mich in meiner kinderlosen Freizeit, als hätte ich zu große Schuhe an.

Es wird vielen Müttern so gehen, denke ich, und stelle fest: Viele Mütter sehen das anders. Sie schreiben wütende Kommentare unter die einzelnen Folgen meiner Kolumne. Sie werfen mir vor, egoistisch zu handeln. Sie verstehen meine Beobachtungen als selbstmitleidiges Gejammer und erklären mich zur Rabenmutter. Unbeabsichtigt finde ich mich in einer Debatte wieder, nämlich der, was eine gute Mutter ausmacht. Ich begreife, dass uns auf der Suche nach neuen Familienmodellen, die den gesellschaftlichen Veränderungen gerecht werden, ein veraltetes Mutterideal im Wege steht. Als Teilzeit-Mutter scheint mir die gleichberechtigte Erziehungspartnerschaft, die Jan und ich seit der Geburt unserer Töchter leben, plötzlich infrage gestellt, und ich beginne, mir ihrer bewusst zu werden und um sie zu kämpfen. Vor welche Herausforderungen mich das stellt, welchen Vorurteilen ich begegne und warum das Ringen darum, Familie zu bleiben, sich lohnt, davon handelt dieses Buch.

1 Studenteneltern

Schulbrot mit Schinken, Käse und Marmelade

Als ich Jan zum ersten Mal begegne, trägt er einen Zylinder aus schwarzrotem Samt, darunter lange, apfelgrün gefärbte Haare, um die Schultern ein zu großes Jackett. Vornehm verlottert sieht er aus, das Gesicht wie ein Harlekin, schmale Augen, breiter Mund. Wir sind 14. Wir sind Klassenkameraden und nicht ein bisschen ineinander verliebt. Hätte mir in diesem Sommer jemand erzählt, dass er der Vater meiner Kinder würde, ich wäre sicher wütend geworden. Wir haben kaum etwas miteinander zu tun. Ich bin neu in der Klasse und beobachte, wie er jede Regel hinterfragt und die Lehrer provoziert. Er ist fröhlich dabei, will nicht stören, sondern sich auseinandersetzen mit den Menschen, die ihn umgeben. Ihre Verbindlichkeit fordern. Du kriechst in sie hinein, werfe ich ihm später einmal vor, und Jan lächelt nur, er ist ein atemloser Geschichtensammler und -erzähler. Ein Clown auf dünnem Seil, der selten Hausaufgaben macht, weil so viel geschieht, was ihn davon abhält. Mädchen, die Gedichte schreiben. Angeln im Fluss. Rennradfahren. Bauer Walter. Und irgendwann ich.

Jan bietet mir etwas von seinem Schulbrot an. Sein Vater

hat es gebacken. Es ist belegt mit Schinken, Käse und Marmelade, eine unerhörte Mischung, wie ich finde. In den folgenden fünf Jahren teilt Jan sein Schulbrot mit mir, wenn ich ihn darum bitte. Das mache ich jeden Tag. Manchmal besuchen wir uns. Wir kennen unsere Familien und ihre Gewohnheiten, wissen, mit wem der andere gerne zusammen ist, welche Bücher er liest, welche Dielen knarzen. In der 12. Klasse küssen wir uns. Wir haben zusammen Theater gespielt, haben Zeit vertrödelt und Schokolade gegessen, und als ich ihn frage, ob er nicht mit zu mir kommen möchte, sagt Jan Ja. Das habe ich schon oft gefragt, aber dieses Mal ist es anders, als würden wir die Liebe proben. Ich habe keine Idee, wie mein Freund aussehen sollte, aber so wie Jan bestimmt nicht. Und möchte trotzdem in seiner Nähe sein. Er besucht mich in Paris, wo ich nach dem Abitur als Au-pair arbeite. Wir werden ein Paar. Zwei Jahre später bin ich schwanger.

Das ist nicht geplant und doch gewollt. Keinen Moment denken wir über eine Abtreibung nach. Ich erinnere mich an unsere Freude, aber auch das Gefühl der Untiefe. Wir erwarten etwas, für das wir lebenslang Verantwortung übernehmen müssen. Wir sind 21 und rufen unsere Eltern an. Sie freuen sich vorsichtig. Wie, fragen sie, stellen wir uns unsere Zukunft vor, also wie genau?

Fünf Monate habe ich als Au-pair in Paris gearbeitet, sechs Monate in Bristol, England, wo Jan seinen Zivildienst gemacht hat. Jetzt wohnen wir zusammen in Bayreuth. Hier studiere ich Theaterwissenschaft, drittes Semester, in sieben Monaten ist meine Zwischenprüfung. Ich weiß, dass ich sie bestehen muss, dass ich sie nicht nachholen kann, stillend, mit einem Säugling im Arm. Jan jobbt. Er verlegt Pflastersteine, pflanzt Sträucher und wartet auf einen Medizinstudienplatz irgendwo in Deutschland. Wir sind unfertig, denke ich, wir werden uns beweisen müssen.

Ich bekomme ein Baby, das so groß ist wie Jans Fuß, und beantrage Sozialhilfe

Als Studentin kann ich für mich selbst aufkommen, nicht aber zusätzlich für ein Kind. Auch Jan verdient nicht viel. Der Staat wird uns unterstützen, erfahre ich von einer Freundin, die beruflich mit Sozialhilfeempfängern zu tun hat. Offiziell beraten lassen wir uns nicht, weder von einer studentischen Stelle noch von einem Wohlfahrtsverband. Ich erinnere mich nicht, ob es an der Universität ein entsprechendes Angebot gegeben hätte. Keine meiner Kommilitoninnen ist schwanger, in meinem Umfeld ist niemand, an dem ich mich orientieren kann. Meine Freundin rät mir, mich beim Sozialamt zu melden und eine Erstausstattung für das Baby zu beantragen. Sie schickt uns in die Spendenabteilung der Caritas. Wir brauchen einen Kinderwagen, eine Wickelkommode. Aber das, was dort rumsteht, gefällt mir nicht. Ich möchte meiner Vorfreude nachgehen, durch Läden streifen und das Nötige für mein Kind selbst aussuchen – nur können wir uns das nicht leisten.

Am Ende helfen uns unsere Eltern und überweisen Geld. Auch in den folgenden Jahren. Keine großen Summen. Es sind Beträge, die einen Ausflug möglich machen, einen neuen Regenmantel, Schuhe. Vor der Geburt gehe ich regelmäßig zum Arzt, nach der Geburt zum Sozialamt. In den ersten Monaten als Familie leben wir von Hartz IV, das noch Sozialhilfe heißt. Zwischen staatlichen Grünpflanzen rechtfertige ich mich für unsere Situation, lege den Sachbearbeitern Kontoauszüge vor, beweise, dass wir nichts haben. Wir stecken im Armutsraster.

Unsere Not verunsichert und beschämt mich. Ich will sie nicht zeigen, nicht auf dem Amt, nicht vor Freunden oder später den befreundeten Eltern. Unsere junge Familie ist ein finanzielles Desaster, dabei fühlen wir uns reich. Uns fehlt nichts, nichts Grundsätzliches zumindest. Freiheit etwa. Aufregende Jobs, Vormittage im Café, Wochenendtrips oder Monate in Indien. Die Zeit, die wir mit uns selbst verbracht haben, ist überschaubar. Noch sind wir an nichts gewöhnt. Wir haben keinen Beruf, sind nicht an einen Ort gebunden und nicht gezwungen, uns von Lebensträumen zu verabschieden. Wir haben sie noch nicht geträumt.

Im Sommer 2002 bestehe ich die Zwischenprüfung. Unter Tausenden jungen Frauen bin ich die einzige Schwangere, die über den Campus der Bayreuther Universität läuft. Ob keine von ihnen unbeabsichtigt schwanger wird? Oder treiben sie ab? Ist es ein Zeichen mangelnden Ehrgeizes, dass ich das Kind bekomme und mein Studium unterbreche? Eigentlich zweifle ich nicht an meiner Entscheidung. Sie fühlt sich richtig an. Sie macht mich nur einsam. Eine Professorin nimmt mich zur Seite. Sagt, wie schade sie es fände, wenn ich als Mutter zu Hause bliebe und das Studium nicht beende. Ihre Worte überraschen mich. Ihre Sorgen sind nicht meine. Dass ich weiterstudieren werde, scheint mir selbstverständlich. Mache ich mir Illusionen?

Sechs Wochen später wird unsere Tochter Martha geboren. Während das Jahrhunderthochwasser der Elbe Sachsen, Bayern und Brandenburg überschwemmt und Deutschland in den Ausnahmezustand versetzt, versuche ich zu stillen und zu schlafen. Mutter zu sein. Jan und ich teilen uns die Aufgaben. Wir sind gleichberechtigt. Freiheiten müssen nicht ausgehandelt werden, wir sind so frei wie möglich. Das Leben dreht sich nur mehr um unsere neugeborene Tochter. Wir beugen uns über unser Baby, das in den ersten Tagen kaum größer ist als Jans Fuß. Wir staunen und fühlen uns reich. Der Schlafentzug zeichnet die Tage weich. Freunde und Kommilitonen besuchen uns, keiner von ihnen hat Kinder. Wir sind die Ersten und werden bewundert, für mutig befunden, schön, das auch. Ich laufe mit Martha auf dem Arm durch die Straßen, kein Schritt mehr ohne sie. Und trotzdem habe ich nicht das Gefühl, mein Selbstbestimmungsrecht verloren zu haben, weil ich noch gar nicht weiß, wie das geht: mich selbst bestimmen. So wie ich die Pflichtseminare an der Uni besucht habe, kümmere ich mich jetzt um dieses Kind, das uns geschenkt wurde. Ohne es zu merken, übernehme ich Verantwortung für uns drei. Es geht nicht mehr um mich, sondern um uns.

Wir sind gleichberechtigt, aber das ist weder Jan noch mir bewusst. Es scheint mir selbstverständlich, dass wir unser Kind zusammen großziehen. Wir stehen voreinander mit ähnlichen Voraussetzungen, warum also sollten wir unterschiedliche Rechte und Pflichten haben? Unsere Rollen sind kaum festgelegt. Wir arbeiten uns nicht an Stereotypen ab, kämpfen nicht mit Geschlechterklischees, weil wir bisher kaum welchen begegnet sind. Wir müssen nichts gegeneinander verteidigen. Ich kann mich nicht erinnern, um ausreichend Schlaf gestritten zu haben, oder darum, im Alltag unterstützt zu werden.

Dass wir gleichberechtigt sind, begreife ich, als wir uns 14 Jahre später trennen und ich Freundinnen und Freunde beobachte, die kleine Kinder haben. Sie diskutieren. Kämpfen um Freiraum. Ob sie halbtags arbeiten oder bis abends um sieben – jede ihrer Lösungen haben sie miteinander besprochen. Sie haben sich für einen Lebensentwurf entschieden. Etwas, das Jan und ich nie gemacht haben, so als hätte sich unsere Familie einfach ergeben.

Erst nach mehreren Monaten erkenne ich, dass ich als junge Mutter dennoch auf etwas verzichte, auf etwas Unwiderrufliches: Ich werde nie mehr allein sein in dieser Welt. Kein Mädchen mehr sein.

Jan kann endlich studieren, und ich lerne Regina kennen

Wir verlassen Bayreuth und ziehen zur Untermiete nach Berlin. Hier leben viele unserer Freunde, wir wollen in ihrer Nähe sein. Martha ist ein halbes Jahr alt. Jan arbeitet als Fahrradkurier, schließlich als Altenpfleger. Er besucht einsame Menschen in Wohnungen mit zu vielen Räumen, die seit dem zweiten Weltkrieg nicht verändert wurden. Dunkle Vorhänge. Muffige Teppiche. Schwere Möbel. Erlebtes, das nicht erzählt werden darf, dafür reichen fünfzehn Minuten nicht, länger darf Jan nicht bleiben. Müde kehrt er vom Schichtdienst heim, müde bin ich von meinen Mutterschichten zu Hause. In diesen Monaten habe ich das Gefühl, sehr viel sei vorbei. Durchschlafen, lieben, begehren, übermütig sein. Die Tage sind eine Melange aus Mahlzeiten, wickeln, spazieren gehen.

Ich lerne Mütter kennen, mit denen ich durch Ost-Berlin laufe, in Stillcafés sitze, mich über Alltagsdetails austausche, die mich beschäftigen. Sie beschäftigen mich wirklich. Ich vermisse keine Gespräche über Theaterinszenierungen oder Romane – und doch wünsche ich mir auf etwas zurückgreifen zu können. Einen Beruf vielleicht, eine Identität, die nur mir, nicht auch dem Kind gehört. Ich studiere, erkläre ich meinen Spielplatzfreundinnen. Klingt vage, finde ich. Könnte ich nur sagen: Ich bin Ärztin. Oder Musikerin. Wissenschaftlerin. So wüsste ich, dass der Gang zum Sandkasten ein Ausflug wäre, die Gespräche mit den Müttern nicht mehr als eine willkommene Ablenkung. Bald würde ich zurückkehren an meinen Platz und Geld verdienen, so wie alle anderen. In diesen Momenten denke ich an das *Handwörterbuch des deutschen Aberglaubens*. Es steht in der Unibibliothek in Bayreuth, ich habe darin geblättert. Ich weiß auch, wo *Kindlers Literaturlexikon* steht und andere Werke, die mich durch das Grundstudium begleitet haben. Plötzlich ist es bedrückend, nicht nachschlagen zu können, was das Auftauchen einer schwarzen Katze bedeuten könnte. Nicht zu wissen, wie es weitergeht.

Fünf Monate später bekommt Jan im Nachrückverfahren einen Studienplatz. In München. Wir sind erleichtert, dass etwas passiert. Und während Jan Seminare besucht, laufe ich mit Martha auf dem Arm und den Bürgschaften unserer Eltern in der Tasche durch München und besichtige Wohnungen. Die meisten sind zu teuer. Familie haben ist zu teuer, daran habe ich mich gewöhnt. Also ignoriere ich unsere Kalkulation, nenne meinen Freund meinen Mann und weise die Makler darauf hin, dass er Medizin studiert. Wir haben Glück und bekommen den Zuschlag für eine Wohnung in der Maxvorstadt. Drei Zimmer in einem 60er-Jahre-Bau, große Fenster, Parkett. Sieben Jahre werden wir dort wohnen, vielleicht sind es unsere glücklichsten Jahre.

Nach einem Jahr Kinderpause studiere ich wie Jan an der Ludwig-Maximilians-Universität. Wir stimmen unsere Seminare aufeinander ab. Jan hat bald Prüfungen und verschwindet wochenlang im Keller eines Kommilitonen. Wer lernen muss, darf gehen, eine wortlose Vereinbarung. Wer feiern muss auch. Die Absprachen fallen uns leicht, wie sonst sollten wir es schaffen? Unsere Eltern leben achthundert Kilometer entfernt, einen Babysitter können wir nicht bezahlen. Wir sind auf uns gestellt. Freunde sagen: Wir bewundern euch. Ich kann ihre Bewunderung nicht verstehen, stecken wir nicht alle in einem dichten Alltag, haben Pflichten, strengen uns an? Dass wir damals unter existenziellem Druck gestanden haben, begreife ich erst später.

Regina erkennt das sofort. Ich lerne sie an der Uni kennen, eine hochgewachsene Frau, Mutter von vier fast erwachsenen Kindern. Eine Zeit lang kommt sie regelmäßig von Dachau nach München, um Martha zu hüten. Manchmal besuchen wir sie und ihre Familie, um einen Sonntag zu teilen, im Garten zu sitzen oder den Golden Retriever auszuführen. In ihrem Haus dürfen wir einfach sein, was wir sind: eine junge Familie. Müde, genervt oder hungrig. Niemand erwartet etwas von uns. Wir gehen in der Großfamilie auf, und ich fühle mich halb wie ein Kind, halb wie eine Freundin. Wir tauchen ein in ein Kleinstadtleben, das ich aus meiner Kindheit kenne. Sichtschutzgardinen, Marmorkuchen aus Silikonbackformen, Platzdeckchen. Auf dem Glastisch im Wohnzimmer steht immer eine Schale mit Äpfeln vom Markt. Vorm Kamin werden Martha alte Kinderbücher vorgelesen. Manchmal sind wir erschöpft. In Dachau können wir uns erholen.

Campus und Kind

Mit Martha studiere ich anders. Ich tauche nur zu den Seminaren auf, sitze fast nie in der Cafeteria. Ich lerne effizient. Gegenüber Kommilitonen erwähne ich selten, dass ich Mutter bin. Ich möchte als Frieda, nicht als die Studentin mit Kind wahrgenommen werden. Ich komme nicht zu spät und gehe nicht früher, schwänze nie mehr als die erlaubten zwei Termine pro Seminar. Ich nehme den Kindersitz vom Fahrrad bevor ich zur Uni fahre. Studentin sein, das gehört zu dem Teil meines Seins, der nur mir gehört.

Pro Kind stehen mir sechs Urlaubssemester zu, in denen ich an Seminaren und Prüfungen teilnehme, Scheine machen kann. Die beurlaubten Semester werden nicht als Fachsemester angerechnet. Auf diese Weise kann ich ohne Zeitdruck so viele Veranstaltungen wahrnehmen, wie es mir neben der Familie möglich ist. Während Jan in seinem Medizinstudium auf mehrere Mütter trifft, hat keine meiner Kommilitoninnen ein Kind. Es gibt eine Beratungsstelle für Studierende mit Kind, ich gehe nicht hin. Ich weigere mich, zu einer Sondergruppe zu gehören, die spezieller Unterstützung bedarf. Bekommen wir alles hin, denke ich.

Als ich einem Professor für Musikwissenschaft gegenüber erwähne, dass ich Mutter bin, fragt er, ob ich alleinerziehend sei. Nein, antworte ich stolz und bin froh, seinem Vorurteil nicht zu entsprechen. Wütend macht mich seine Frage erst später. Oft habe ich das Gefühl, mich beweisen zu müssen. Nicht nur in einem akademischen Betrieb, auch mir selbst gegenüber. Als wäre meine frühe Mutterschaft ein moralisches Versagen, das ich mit unbedingtem Fleiß und dem Versprechen, niemals bequem zu werden, aufheben könnte. Es sind nicht die Professoren, die mich unter Druck setzen, ich bin es selbst. Ich will für unsere Familie einstehen und zweifle dabei an mir selbst: Wieso sollte sich ausgerechnet unser Lebensentwurf als praktikabel erweisen zu einer Zeit, in der Frauen immer später Mütter werden, im Durchschnitt mit 29?

Rückblickend erkenne ich, dass es klug war, Kinder während des Studiums zu bekommen. Wer bereits berufstätig ist, kann nicht so viel Zeit mit ihnen verbringen. Kann nicht mit und an den Kindern wachsen und ein so dichtes Verhältnis zu ihnen entwickeln. Zu keiner anderen Lebensphase ist man so kraftvoll, flexibel und neugierig wie zwischen 20 und 30 und kann den disparaten Anforderungen mühelos gerecht werden.

Dennoch: Es gibt nicht *den* passenden Zeitpunkt um Eltern zu werden, habe ich verstanden, auch wenn das Kinderkriegen ein unberechenbares Unterfangen bleibt, ein Wagnis, dem sich seit einigen Jahren eine wachsende Zahl von Studenten stellt. Nach der jüngsten Sozialerhebung des

Deutschen Studentenwerks bekommen 5 bis 6 Prozent der Studierenden eines oder mehrere Kinder im Studium (zum Vergleich: in Schweden sind es 21,7 Prozent, in Norwegen 16,6). Bei den aktuell 2,7 Millionen Studenten sind das 160 000 junge Eltern, die hierzulande mit Kind studieren. Sie sind im Durchschnitt sieben Jahre älter als ihre kinderlosen Kommilitonen, nämlich 31. Vor der Ludwig-Maximilians-Universität (LMU) in München sind inzwischen Kinderwagenstellplätze eingerichtet, das Beratungsangebot für Studenteneltern wurde erweitert. Sie werden bei Fragen zur Finanzierung, Kinderbetreuung und zum Wohnen unterstützt, auch Auslandssemester und Stipendien sollen ihnen möglich gemacht werden. Und sie werden staatlich gefördert: BAföG-berechtigte Auszubildende haben Anspruch auf einen Kinderbetreuungszuschuss von 130 Euro monatlich für Kinder bis zu zehn Jahren, den sie nicht zurückzahlen müssen und der nicht auf die übrigen Leistungen zum Lebensunterhalt angerechnet wird. Kürzlich wurde die Anhebung der Einkommensfreibeträge sowie die der Freibeträge vom Vermögen beschlossen.

Hochschulen bemühen sich um familienfreundliche Strukturen, sie haben erkannt, dass das klassische lineare Modell von Studium, Karriere und Kind nicht mehr zeitgemäß ist und zu viele Frauen, einmal im Beruf, das Kinderkriegen aufschieben oder sich dagegen entscheiden. Studieren mit Kind muss also attraktiv werden. Die LMU bietet derzeit 500 Betreuungsplätze in 21 verschiedenen Einrichtungen an. Ein Krippenplatz kostet maximal 300, ein Kindergartenplatz 150 Euro pro Monat – sie sind damit kostengünstiger als städtische Einrichtungen. Bundesweit bieten 52 Studentenwerke Familienwohnungen in ihren Wohnheimen an.

Diese Zahlen sollen nicht darüber hinwegtäuschen, dass sich Studierende mit Kindern in einer finanziell schwierigen Situation befinden, womöglich Arbeitslosengeld II für die Kinder beantragen müssen, mit Eltern-, Kinder- und Betreuungsgeld jonglieren und darauf hoffen, dass ihre Eltern den neuen Fahrradanhänger bezahlen.

Sie werden jedoch inzwischen dafür anerkannt. Weil sie zeigen, dass sie sich organisieren und unterschiedlichen Anforderungen gleichzeitig gerecht werden können – eine Fähigkeit, die auch spätere Arbeitgeber positiv bewerten. Die Idee, während des Studiums eine Familie zu gründen, kommt nicht mehr einem Versehen gleich. Sie ist heute ein Lebensentwurf unter vielen, der in einer alternden Gesellschaft nicht verurteilt, sondern diskutiert und gefördert wird.

Als Studentenmutter fehlen mir Vorbilder

Die meisten Mütter in meinem Umfeld sind zehn oder 15 Jahre älter als ich. Sie haben verschiedene Jobs gehabt und Kinder bekommen, mit denen sie nun auf Spielplätzen sitzen, während ihre Männer arbeiten. Manche wohnen schon lange in München, in Schwabinger Altbauten mit großen Küchen, in denen Designerstühle stehen. Am Wochenende fahren diese Familien in die Berge. Sie gehen ins Restaurant oder Museum. Jede bleibt unter sich, das Wochenende ist kostbare Familienzeit. Nicht für uns, wir sehen uns auch unter der Woche tagsüber, je nachdem wann unsere Seminare stattfinden. Besonders am Wochenende würde ich mich gerne mit anderen Familien treffen. Freundschaften schließen. Zusammen essen. Ausflüge machen, ausgehen. Ich bin gesellschaftshungrig – doch die Eltern um mich herum sind mit ihrer Familie beschäftigt. Sie haben sich ausgetobt und befinden sich in einem Lebensabschnitt, in dem sie die Nächte mit ihren Kindern, nicht aber mit den Studenteneltern von gegenüber teilen wollen.

Die meisten von ihnen leben anders als Jan und ich in klassischen Rollenverteilungen: Die Mutter kümmert sich um die Kinder, arbeitet frei oder halbtags, der Vater kehrt abends, spätestens am Wochenende heim. Dieses Familienmodell ist mir von den Spielkameraden meiner Kindheit vertraut. Mit ihm verbinde ich eine sichere, heile Welt, die ich in meiner Kindheit vermisst habe. Meine Eltern haben sich getrennt, als ich zwei war. Ich bin bei meinem Vater aufgewachsen und erst mit 14 zu meiner Mutter gezogen. Mein Vater und meine Mutter haben sich jeweils öfter getrennt, zweimal habe ich die Schule wechseln müssen. Diese Brüche möchte ich Martha und Louise ersparen. Das ist kein bewusster Gedanke, nur ein unbestimmtes Gefühl, das mich antreibt, unser Alltagsleben so ruhig und sicher wie möglich zu gestalten. Ich melde Martha bei der musikalischen Früherziehung an. Buche einen Schwimmkurs. Einmal in der Woche gehe ich mit ihr zu einem Elternzentrum, zahle ein paar Euro, esse Kekse, trinke Biotee von dm und schaue wuselnden Kleinkindern zu. Martha probiert fremdes Spielzeug aus, ich das Muttersein.

Mir fehlen Mütter in meinem Alter, die nicht so sehr auf

ihr Kind fokussiert sind. Die leicht geblieben sind. Eltern, die wie Jan und ich gemeinsam mit den Kindern groß werden. Gleichberechtigt wachsen. Wir sind gleichermaßen wichtig oder unwichtig und haben das Elternsein genommen wie eine geerbte Öljacke, in die wir noch reinwachsen würden. Wir haben alte und irgendwann neue Kinderwägen geschoben, Bordsteine rauf und runter. Kapiert, dass man auf der Rolltreppe rechts stehen sollte und uns im Bus niemand Platz machen wird. Dass man Sandkastenspielzeug beschriften muss, sonst ist am Ende des Sommers nur mehr ein Förmchen übrig. Und Flohmärkte? Sind im Frühjahr und im Herbst und meist so anstrengend wie Tage ohne Mittagsschlaf.

Martha beißt, ich bekomme noch ein Kind und beantrage Hartz IV

Unser Leben ist ein Balanceakt. Vielleicht ist das der Grund, warum uns die Entscheidung für ein zweites Kind leichtfällt: Wir haben uns an diese Herausforderungen gewöhnt und wollen nicht, dass Martha als Einzelkind aufwächst. Zwei Kinder werden sicher nicht viel mehr Arbeit machen als eines, denken wir. Und einen Kinderwagen haben wir bereits, eine Wickelkommode auch. Wir kennen die Spielplätze, wissen, dass wir kurze Nächte gut überstehen. Freunde erklären uns für verrückt. Manche nennen uns Sozialschmarotzer, in ihren Augen darf nur ein Kind bekommen, wer es sich leisten kann. Wir finanzieren euer Familienleben, sagen einige, die bereits arbeiten und Steuern zahlen. Immer noch leben wir von Bafög, und da es nur Jans und meinen, nicht den Bedarf der Kinder deckt, erhalten unsere Töchter Hartz IV. Erst als Martha sieben Jahre alt ist, werden wir uns selbst finanzieren können.

Ich kann die Empörung verstehen, empfinde meine Familie aber nicht als unrechtmäßig, die Entscheidung, ein weiteres Kind zu bekommen nicht als Schmarotzertum. Es fühlt sich nicht so an, als würde ich mich auf Staatskosten ausruhen. Dass Frankreich mit 1,99 Kindern pro Frau die höchste Geburtenrate in Europa hat, liegt unter anderem daran, dass sich der Staat selbstverständlich an der Kinderbetreuung beteiligt und Familien finanziell entlastet. Frauen erhalten 16 Wochen lang ihr volles Gehalt, nach dem dritten Kind 26 Wochen lang. Weiterhin gibt es Leistungen wie Geburtenprämie, Kindergeld, Kinderbeihilfe und andere, die unter entsprechenden Umständen gezahlt werden. Kindergartenplätze sind kostenlos, und nur einkommensstarke Familien zahlen einen geringen Beitrag für die flächendeckende und ganztägige Betreuung der unter Dreijährigen. Später gehen die Kinder auf eine Ganztagsschule, das ist ebenso normal wie die Berufstätigkeit der Eltern. Eine Familie mit zwei und mehr Kindern ist nichts, was den Wohlhabenden oder sozial Schwachen vorbehalten zu sein scheint wie in Deutschland.

Während sich meine Familie eigentlich richtig anfühlt, erinnern mich die Kommentare unserer Freunde an das verkrampfte Verhältnis zum Kinderkriegen, das unsere Gesellschaft lähmt. Unbedingt gilt es, den richtigen Zeitpunkt abzupassen, und der wird im Zweifel eher spät bis gar nicht erreicht. Familie wird als umfassendes Lebensprojekt begriffen, für das man auf mehreren Ebenen bereit sein muss, vor allem finanziell.

Aber wäre es einfacher gewesen, als Berufsanfängerin ein zweites Kind zu bekommen? Sicher nicht. Jan und ich sind 23, als wir uns für ein zweites Kind entscheiden. Wir fragen uns nicht: Gäbe es einen besseren Zeitpunkt? Wir sind sorglos und denken: Irgendwie werden wir es schaffen. Wir kennen keine finanzielle Sicherheit. Sie ist etwas Notwendiges, aber nichts, das ich zum großen Glück zähle. Ich schaue selten auf meinen Kontostand. Ich ignoriere ihn und kaufe mehrere Sorten Käse. Ein Kleid für Martha. Meinen Dispositionskredit zähle ich zum Plus.

Wie finanziert ihr euch?, fragen mich andere Eltern. Kompliziert, sage ich, und zähle die verschiedenen Geldgeber auf, zuletzt den Staat. Und dann schäme ich mich doch. Hartz IV lässt sich nicht umschreiben. Es ist nicht lässig, sondern uncool. Ich finde: Eigentlich ist es nicht so wichtig, schließlich werden wir uns einmal selbst finanzieren können. Aber wir leben mitten in der Maxvorstadt, in der Mütter ihre Babys in dunkelblauen Hesba-Kinderwägen rumschieben. Wir haben Nachbarn, die im Café frühstücken, weil die Milchdüse ihrer Kaffeemaschine umständlich zu reinigen ist. Ich bewege mich in Parallelwelten und fühle mich beiden nicht zugehörig.

Sophie wird es ähnlich gehen, denke ich. Ich lerne sie auf einem Spielplatz kennen, sie ist Vincents Kindermädchen. Und da Vincent und Martha öfter zusammenspielen, lädt sie uns ein, nach Neuhausen, fünf Zimmer, Altbau. Ich laufe über das Fischgrätenparkett und habe den Verdacht, Löcher in den Socken zu haben. Sophie und ich sind gleich alt. Wir könnten Kommilitoninnen sein, Freundinnen. Wir könnten uns in die Küche setzen und über das Leben und die Liebe reden, Träume verhandeln. Sophie aber ist eine Nanny, und ich bin die Mutter der Spielkameradin des Jungen, den sie zu betreuen hat. Näher kommen wir uns nicht, zwei Fremde in einer Wohnung, die weder ihr noch mir gehört. Sophie bleibt ihrer Rolle treu, sie kümmert sich um Vincent und Martha: Schaut mal, wollt ihr mit den Legosteinen spielen? Oder mit dem Kaufmannsladen? Mit Puppen? Nachdem sie die Kinder angespielt hat, trinken wir Kaffee aus einer edlen Maschine. Ich blättere in den Bildbänden im Wohnzimmer.

Kurz bevor abends die Mutter heimkehrt, beißt Martha Vincent in den Arm. Warum, lässt sich nicht aufklären, Martha spricht noch nicht, beißt aber regelmäßig. Vincent schreit. Ich stelle mich der Mutter vor und muss mich gleichzeitig entschuldigen, ich schwitze. Fühle mich schuldig, als hätte ich versucht, einen ihrer Bildbände zu klauen. Mein Kind hat gebissen, und diese fremde Mutter sorgt sich. Ungerechterweise werde ich wütend auf Martha. Die Mutter tröstet ihren Sohn, sie blickt kaum auf, sagt und fragt nichts. Wir gehen besser, verstehe ich. Es kommt vor, dass Kinder beißen und kratzen. Einfach so. Ich erzähle Jan von unserem Erlebnis, er lacht. Die Borniertheit der anderen, die mich verunsichert, berührt ihn nicht. Wir sind reicher als die, sagt er, schau doch, wie viel wir erleben. Er ist stolz auf uns, und ich bin es auch. Ich erkenne, dass wir uns einen Humor bewahrt haben, der es uns möglich macht, das Elternsein leicht zu nehmen wie ein Abenteuer.

Ich kann mich auf mein Bauchgefühl verlassen, lese

keine Ratgeber, weil ich keine Fragen habe. Ich weiß, was meiner Tochter guttut. Ich bin ihr nah, erkenne Hunger und Müdigkeit, kann zwischen Kummer und Trotz unterscheiden, lasse sie spielen und entscheide, wann es Zeit ist zu schlafen. Dann nämlich, wenn der Kindertag zu Ende ist und der Abend der Erwachsenen beginnt. Dahinter steckt kein pädagogisches Kalkül, sondern das Bedürfnis, für ein paar Stunden diejenige zu sein, die ich vor dem Kind war.

Selten nehme ich Martha mit, wenn ich ausgehe. Martha auf einer Party? Im Restaurant? Anstrengend. Alles, was unseren Rhythmus durcheinanderbringt, versuche ich zu vermeiden, denn es rächt sich. In der Nacht. Am nächsten Tag. Die Konsequenz, mit der ich Martha begegne, ist keine bemühte. Sie ergibt sich aus unserem Wunsch heraus, zumindest zeitweise an einem Leben teilzunehmen, wie es andere 23-Jährige führen. Ich gehe mehrmals in der Woche ins Theater. Treffe Freunde. Geh nur, sagt Jan, aber komm wieder! Es fällt uns leicht, zwischen den Lebensbereichen hin und her zu wechseln. Kaum habe ich das Haus verlassen, denke ich nicht mehr an Martha. Und Jan, glaube ich, geht es ähnlich. Unser Vertrauen ineinander und in die Familie ist unerschütterlich. Mit den Freiheiten, die wir uns lassen, fühlen wir uns unverwundbar. Als würden wir den Entbehrungen vorbauen, die eine Familie mit sich bringen kann. Für immer werden wir zusammenbleiben, denke ich.

An einem Sonntag im August 2004 wird Louise geboren. Zwischen Frühstück und Mittagessen. Als Jan und ich aus dem Geburtshaus zurückkehren, wacht Martha aus ihrem Mittagsschlaf auf und betrachtet Louise, die wie eine dunkelhaarige Puppe neben ihr liegt. Sie verhält sich auch so, ist eine unkomplizierte kleine Schwester, rund und lachend wie ein Milupa-Model.

Wir sind glücklich zu viert, mit Louise sind wir nun eine wirkliche Familie und nicht mehr nur ein Paar, das aus Versehen ein Kind bekommen hat. Unser Leben verändert sich nicht grundsätzlich, es wird dichter. Schlaf wird kostbar. Am Mittag machen die Mädchen eine Pause, und droht sie jemand zu stören, werde ich wütend. Gegenüber von unserem Haus baut ein großer Energiekonzern. Die Stadt hat ihm eine Sondergenehmigung erteilt, auf der Baustelle darf bis 22 Uhr gearbeitet werden, wie uns Nachbarn erzählen. Der Lärm macht mich mürbe. Ich bin 24 Jahre alt und weine vor Erschöpfung.

Wir proben Familie mit dem MVV

Nach ein paar Monaten haben wir uns stabilisiert. Rascher als beim ersten Kind verliere ich mich zwischen Haushalt und Kindern: Wieder ein Dienstag, an den ich mich nicht erinnern werde, ein Mittwoch, ein langes Wochenende, an dem Jan lernen muss. Tage, die im Nichts versinken. An denen ich damit beschäftigt bin, zu kochen und Kinder großzuziehen. Sonntags telefoniere ich mit meiner Mutter und wünsche mir, sie würde in der Nähe wohnen und könnte mich für ein paar Stunden ablösen. Ich wünsche mir einen Garten, um nicht jeden Tag auf den Spielplatz gehen zu müssen, ein Auto, um damit in die Berge zu fahren. Sie sind immer wieder Thema auf den Spielplätzen, die

Münchner Hausberge, so nah, schwärmen Mütter, ideal für Wochenendausflüge.

Ich kaufe einen Freizeitreiseführer, Titel: Wandern mit dem MVV, herausgegeben vom Münchner Verkehrs- und Tarifverbund. Auf dem Cover das Foto eines bayerischen Sees, an seinen Ufern Bäume mit rot gefärbtem Laub. Das Buch hat den verzweifelten Charme eines Werbegeschenks: So schön ist unser Bayern, schauen Sie sich's doch mal an. Wir fahren mit der S5 nach Harthaus, mit der S6 nach Poing, orange Post-it zwischen den Seiten, die unsere Routen markieren.

Wir wandern auf Wegen, die kinderwagengeeignet sind, auf dem Rücken Apfelschnitzen in Tupperware und Stullen in Papier. Da, wieder ein roter Pfeil am Baum, lies doch mal nach, müssen wir dem folgen? Manchmal verlaufen wir uns, stehen an Autobahnzubringern oder Bundesstraßen, verlieren uns zwischen Maisfeldern. Entschuldigen Sie, fragt Jan einen Jogger, wo ist die nächste S-Bahn-Station? Der Mann setzt an. Er stottert. Martha und Louise quengeln. Wir halten die Luft an, und als er mit der Wegbeschreibung fertig ist, sagt er flüssig: So, jetzt ist es raus. Ich bin genauso erleichtert wie er, als ich abends aus der S-Bahn steige und in die Augustenstraße laufe. Ausflüge, denke ich, sind immer ausgedacht, heiter-vernünftiges Erwachsenenprogramm, Freizeit nach Plan. Aber sie gehören zum Familienleben, das wir mit dem MVV proben. Gesamtzahl der Post-it: zehn.

Schließlich bekommt Louise einen Platz in einer Krippe der Ludwig-Maximilians-Universität, verdammtes Glück. Martha geht bereits in den Kindergarten. Ein Jahr nach Louises Geburt studiere ich endlich wieder. Ich melde mich für Seminare an, gehe zu Vorlesungen und mache eine Exkursion nach London, eine der ersten Reisen ohne Kinder. Wir wohnen in einem schönschäbigen Hotel und gehen jeden Abend ins Globe Theatre, es geht um Shakespeare, im weitesten Sinne jedenfalls. Für mich ist die Exkursion ein Fenster zur Welt. Ich gebe mich vollkommen hin. Will Irrsinn erleben, verloren gehen, mich verlieben, abstürzen und durchbrennen, mindestens für eine Nacht einsitzen. Nichts von alldem passiert. Lustig ist die Fahrt trotzdem. Dass ich Mutter von zwei Töchtern bin, finden meine Kommilitonen unglaublich, echt jetzt. Sie begegnen mir mit Respekt, als hätte ich eine Naturkatastrophe überlebt. Gefällt mir.

Magister Artium, endlich

Ich schließe mein Studium ab. Dafür habe ich Monate in der Bibliothek gelernt, auch sonntags, während Jan sich um die Kinder gekümmert hat. Sein Examen hat er um zwei Semester hinausgeschoben, um mich vorzulassen, wie er sagt. Er mag die Formulierung, weil er weiß, dass ich dagegen bin, etwas hinauszuschieben. Wir müssen Geld verdienen, schnell, sage ich. Und du musst deinen Abschluss machen, sagt Jan. Also versinke ich in den Büchern, Notizen, den Tagen mit kurzen Pausen um zwölf und um drei, zum Abendbrot kehre ich heim. Wirklich anwesend bin ich in dieser Zeit nicht, aber glücklich. Nach mehreren Sommern auf Spielplätzen, endlosen Tagen, an denen ich durch Drogerien geschoben bin und mir Gedanken gemacht habe, welche Sorte Windeln oder Brei wohl am besten wäre, bin ich froh, wissenschaftlich arbeiten zu können. Es macht mich klar. Richtet mich auf. Ich leiste etwas, das wahrgenommen und bewertet wird. Ich gewöhne mich an eine Freiheit, die ich bisher nicht hatte, und schaffe es nicht mehr, sie herzugeben. Die Zeit, in der ich zuhause bleibe, um mich vor allem um Martha und Louise zu kümmern, ist vorbei, spüre ich.

Ich mache einen sehr guten Abschluss und trinke Prosecco. Es ist Mittag, ich umarme Jan und die Kinder, sie sind gekommen, um mich abzuholen. Übermütig lade ich Kommilitonen ein, die um uns herumstehen. Sollen doch alle zu uns kommen. Auf dem Heimweg kaufe ich mit ihnen ein. Wie viele Flaschen brauchen wir? Wir sind laut und albern und werfen in den Wagen, was uns einfällt.

Wir essen zusammen. Menschen in unserem Wohnzimmer, ein vertrautes Bild. Wir haben oft Besuch. So oft, dass andere fragen: Ist es euch nicht zu viel? Ich koche gerne für andere. Ich mag große Tischrunden. Will Geschichten hören und erzählen. Beobachten, wie Freunde oder Unbekannte miteinander sind. Sie kommen zu uns, weil wir nicht zu ihnen fahren können. Sie kommen, weil wir einen vollen Kühlschrank haben und unser Wohnzimmer groß genug ist, um den Tisch an die Wand zu schieben und zu tanzen. Mal sind es zehn, mal zwanzig Menschen. Die meisten haben noch keine Kinder, als Familie sind wir ihnen ein Vorbild.

Wenn ein so lustiges Leben möglich ist mit kleinen Mädchen, dann wollen wir das auch, sagen sie. Sie beobachten, wie fest Jan und ich uns verbunden sind, wie frei wir uns trotzdem lassen. Meine jüngeren Kommilitonen denken sich Familie als eine Lebensform, die hauptsächlich aus Kompromissen und Entbehrungen besteht, aus dem endgültigen Verlust wertvoller Autonomie. Deshalb möchten sie spät oder gar nicht Eltern werden, eigentlich, und werden nachdenklich, wenn sie bei uns zu Besuch sind. Martha und Louise schlafen im Nebenzimmer, sie verschlafen die lustigsten Nächte und zählen morgens in der Küche die leeren, blassgrünen Flaschen. Ein Fest, merken sie sich, zieht eine Traube leerer Flaschen nach sich. Als Louise ihren fünften Geburtstag feiert, steht sie abends ernst in der Küche und erklärt, es sei keine richtige Party gewesen: In der Altglasecke stehe keine einzige leere Flasche.

Ob mich mein Magisterabschluss erleichtert hat? Ich erinnere mich nicht. Ich sehne mich nach neuen Projekten, möchte arbeiten. Nur was? Und wo? Ich bin eine Theaterwissenschaftlerin, die bisher ein Praktikum gemacht hat. Ich beneide Jan um die Klarheit seines Berufes. Er wird bald Arzt sein und als solcher sofort Arbeit finden. Und ich? Kehre zurück zu den Kindern. Laufe die alten Wege. Kindergarten und Schule, Spielplatz, Supermarkt. Sie ermüden mich. Ich mache ein Praktikum beim Bayerischen Rundfunk. Beim Fernsehen. Dann hospitiere ich zwei Wochen in der Kulturredaktion der *Kieler Nachrichten*, zwei Monate bei der *Münchner Abendzeitung*. Ich will schreiben. Aber was und wo? Ich bin ungeduldig mit den Kindern. Nachmittage auf dem Spielplatz strengen mich mehr an als die Aufgaben in einer Redaktion. Ich beobachte Jan, der jeden Tag aufbricht, um in der Bibliothek zu lernen. Ich werde kleinlich. Rechne auf und ab. Mir fällt es schwer, ihm seine Abwesenheit zu verzeihen.

Jobempfehlung:
Deutsche Journalistenschule

Wieder gehe ich zum Amt, ich bin offiziell arbeitslos. Die Personalvermittlung A4e soll mich im Auftrag des Staats vermitteln. Westendstraße 195, schmucklose Büroräume, Flipcharts, Schüsseln mit Waffelgebäckmischung. Die Fahrtkosten, vier Streifen, bekomme ich erstattet. Ich trage mich für einen Computerkurs ein und lerne, wie man in Word Briefpapiermotive auswählt. Es gibt Standardvorlagen mit Blumen. Wem soll man so was Kitschiges schicken? Neben mir sitzt Semra, sie ist so alt wie ich und hat mal in einer Bäckerei gearbeitet. Ich beobachte mich, wie ich den gelangweilten Anweisungen der Kursleiterin folge. In der Pause mit Semra rauche. Wir kommen einmal in der Woche, weil wir müssen. Sonst werden uns die Bezüge gekürzt. Hier wird mir niemand helfen können, denke ich. Eine rechtwinklige Welt, in der ich lernen soll, mich korrekt zu bewerben. Mit Bewerbungsmappen und der richtigen Gesprächstaktik.

Ich esse nur die Kekse, die mit Schokolade überzogen sind. Sie sind so dunkel wie die gefärbten Haare meiner Sachbearbeiterin M. B. Wir werden nicht zusammenkommen, erkläre ich ihr. Ich bin hier falsch. Die Jobs, in denen ich mich sehe, haben nichts mit grauen Kostümen zu tun, nichts mit Mappen und Gesprächstaktik oder dem Wort Business. Verzweifelt lehne ich ihre Hilfe ab, und M. B. nickt nur. Was ich denn dabeihabe, fragt sie. Ich zeige ihr meinen tabellarischen Lebenslauf. Kurze Sätze in verrutschten Zeilen, mit der Leertaste formatiert. Ich ahne, dass die

Sprache der Jobvermittler eine andere ist. Optimistischer sozusagen. Du willst schreiben, fragt sie mich. Wir duzen uns. A4e ist eine britische Firma, sie gehen es von Haus aus locker an. Ja, sage ich. M. B. sortiert meinen Lebenslauf. Sie spricht von Volontariaten, Redaktionen, in denen ich Praktika machen könnte. Oder, vielleicht besser, ich solle mich an der Deutschen Journalistenschule bewerben. Die Aufnahmeprüfung sei hart, aber ich könne es doch mal versuchen.

Ich bin 29. Ich habe zwei Kinder und einen Magisterabschluss. Die Idee, wieder zur Schule zu gehen, scheint mir nicht vernünftig zu sein. Ich google die Schule und begreife, dass sie gut ist und mich vorbereiten würde auf das, was ich vorhabe. Ich schreibe eine Reportage wie Hunderte andere, die sich bewerben. Ich warte unruhig auf Post, werde zu den Prüfungen eingeladen und angenommen. Als der dicke Brief mit der Zusage kommt, tanzen Jan und ich in der Küche.

Zwei Jahre dauert die Ausbildung zur Redakteurin. Eine gute, eine dichte Zeit. Unterricht von morgens bis abends. Jeden Tag. In meiner Lehrredaktion gehöre ich zu den Ältesten. Ein Kommilitone hat ebenfalls eine Tochter, als Eltern sind wir über Jahrgänge hinweg Ausnahmen. Wieder bin ich irgendwie anders, jemand, der sein Leben schon gelebt hat, wie Kurt Kister, Chefredakteur der *Süddeutschen Zeitung*, bei der Aufnahmeprüfung sagt. Ein freundlicher Kommentar, er spielt auf meinen Lebenslauf an, den M. B. für mich formatiert hat. Darüber würden wir reden, das habe ich erwartet. Ja, ich habe mein Leben gelebt und fange doch erst an. Ich eile voraus und hinke hinterher, daran habe ich mich gewöhnt. Ich erkläre meine Situation wie eine seltene Krankheit, die sich erst mal krass anhört, mit der es sich aber überraschend gut leben lässt.

Jan beginnt zu arbeiten, und wir heiraten nebenbei

Ich bin wieder Schülerin, Jan ist Arzt. 2010 hat er sein Examen bestanden und sofort angefangen, in einer Praxis für Suchtkranke zu arbeiten. Am Nachmittag holt er Martha aus dem Schulhort, Louise aus dem Kindergarten ab. An den Wochenenden übernimmt er Nachtdienste in einer Psychiatrie. Er mag seine Patienten, versteht sie, ist er doch selbst jemand, der immer wieder Grenzen ausloten muss. Er sammelt ihre Geschichten, nimmt ihr Wandern in eigenen Welten hin und bleibt bei ihnen, wenn es sein muss auch nach Dienstschluss. Sie können ihn jederzeit anrufen, einige machen das. Patienten wie Herr G. oder Frau S. gehören so fest zur Familie wie entfernte Verwandte.

Bald hat Jan drei Arbeitgeber und wir keine gemeinsamen Wochenenden mehr. Wir teilen halbe Tage, müde Abende und sprechen über Organisatorisches, über das, was wir erlebt haben. Ich finde die Herausforderungen aufregend, denen wir uns stellen. Sie nehmen mich ein und sind mir wichtig. Menschen warten auf uns, brauchen uns. Wie Jan finde ich langsam heraus, was meine Aufgaben sein können – außerhalb meiner Familie. Und dabei vergesse ich, sie zu schützen. Ich verliere sie, ohne es zu merken. Während meiner Ausbildung habe ich kaum Ferien, und auch Jan hat als Berufsanfänger wenig Anspruch auf Urlaub. Es macht mir nichts aus. Ich kenne meine Familie. Sie ist etwas, auf das ich mich blind verlasse. Also fahren Martha und Louise in den Schulferien zu ihren Großeltern. Fünf Wochen.

Nur im August, die Hälfte meiner Zeit an der DJS ist vorbei, habe ich zwei Wochen frei. Jan möchte sie zu Flitterwochen erklären und mich vorher heiraten. Steuerlich würde sich das lohnen. Und warum sollten wir es nicht tun? Es spricht nichts gegen unsere Heirat, denke ich, und weiß nicht, was für sie spricht. Wir sind seit zehn Jahren zusammen, und ich habe nicht vor, mich zu trennen. Eine Heirat würde daran nichts ändern. Der steuerliche Vorteil schon. Das Leben wäre einfacher, vielleicht. Wir lassen uns einen Termin beim Standesamt geben und laden zwanzig Gäste ein. Jan nimmt einen Kredit auf, tausend Euro, damit finanzieren wir die Feier in einer kleinen Bar. Innerhalb von vier Wochen organisiere ich unsere Hochzeit, während ich mit meinen Kommilitonen an der DJS das Abschlussmagazin *Klartext* produziere. An einem Tag im Juli 2011 schreibe ich morgens eine Klausur in Kommunikationswissenschaft, Multiple Choice. Nachmittags heirate ich Jan. Choices gone. Am nächsten Tag gehe ich wieder zur Schule.

Ich heirate nebenbei, anders kann ich es nicht aushalten. Es fühlt sich an, als würde ich eine Entscheidung feiern, die ich zehn Jahre zuvor nicht wirklich getroffen habe, als ich schwanger wurde. Unsere Liebe hat ihre Freiwilligkeit verloren, bevor wir uns ihrer sicher sein konnten. Das Leben hat uns überholt, hat uns zu Eltern erklärt und uns als Paar in den Hintergrund gedrängt. Wir haben es hingenommen, es würden andere Zeiten kommen, dachten wir, von denen wir keine genaue Vorstellung hatten. Und als ich uns jetzt für die Dauer eines Festes in den Mittelpunkt rücken soll, weiß ich gar nicht recht, wer wir sind, was uns als Paar ausmacht.

Ich liebe meine Familie. Aber liebe ich Jan? Als ginge es darum, eine Nähe zu sichern, die porös geworden ist, lassen wir uns offiziell zu Mann und Frau erklären. Heute betrachte ich unsere Hochzeit wie den Abschluss unserer gemeinsamen Zeit, auch wenn wir noch weitere zwei Jahre zusammen sein werden. Weder Jan noch ich bemerken, dass wir voreinander fliehen, indem wir es zulassen, dass immer etwas anderes wichtiger ist. Ich klammere mich an Alltagsnotwendigkeiten, an Einladungen und Feste, ich lenke mich ab und denke kaum über uns nach.

Nach unserer Hochzeit leihen uns Freunde einen Pickup. Wir schnüren unser Gepäck auf die Ladefläche und fahren in ein Bergdorf in Ligurien, wo sie ein Haus haben, in dem wir Ferien zu viert machen. Es ist ein kleines Dorf am Hang. Schmale Gassen, alte Mauern. Abends verschwindet die Sonne hinter den Bergen, unsere Terrasse liegt dann im Schatten. Die Zikaden singen trotzdem. Die volle Stunde schlägt doppelt, die Glocken des Nachbardorfes hören wir auch auf unserer Seite des Tals. Martha und Louise kehren um Mitternacht vom Spielen zurück, atemlos vom Rennen, zwei befreite Kinder in zwei freien Wochen.

Wir ziehen zur Endstation Sehnsucht

In den folgenden Jahren kommen wir wieder. Zuletzt liegt das Dorf im Nebel. Pfingsten 2013, es ist kalt. Schwere Wolken hängen über dem Meer und lassen selten die Sonne durch. Ich bin so schwermütig, dass ich kaum aufstehen kann. Außer meinen Büchern lenkt mich nichts ab von meinem Kummer, den ich nicht benennen kann. Jan sucht, findet mich nicht. Eine unbestimmte Sehnsucht zieht mich raus, weg. Ich möchte Jan verlassen, aber dessen bin ich mir genauso wenig bewusst wie der Tatsache, dass dies unser letzter gemeinsamer Urlaub ist.

Wir fahren zurück in ein neues Zuhause. Nach langer Suche haben wir eine größere Wohnung gefunden, vier Zimmer in einem Wohngebiet am Harras. Es ist ein Neubau. Im Treppenhaus riecht es nach Weichspüler und Tiefgarage, und als ich es zum ersten Mal betrete, möchte ich umdrehen. Aber der Vermieter bleibt vor jeder Tür stehen, er deutet auf die Wohnungen und erzählt etwas über die Menschen, die in ihnen leben. Er schaut uns an, als wir auf der Dachterrasse stehen, die Jan bald bepflanzen wird, und in dem Moment sind wir auf eine Weise miteinander einverstanden, die es unmöglich macht, weiter nach hohen Decken und Marmorfliesen zu suchen. Im Hof gibt es einen Sandkasten, unsere Nachbarn haben kleine Kinder. Sie spielen mit Martha und Louise, die jetzt eigene Zimmer haben. Ihre Mutter treffe ich manchmal im Garten oder im Waschkeller, den wir mit allen teilen. Bald aber wasche ich nachts. Ich halte weder den Ort noch seine Menschen aus, denke, das hier ist Endstation Sehnsucht.

Einmal im Jahr kommen die Nachbarn zusammen, eine Art Sommerfest. Gespräche über die Nebenkostenabrechnung, neue Fahrradständer, der Vermieter schenkt Wein aus, guter Mann. Fremde stopfen Abfall in unsere Tonne, sagt eine Frau, sie findet das ungeheuerlich. Ob man nicht eine Kamera installieren sollte? Ich höre ihr zu und frage mich, wer wird uns hier besuchen, in dieser kleinbürgerlichen Abgeschiedenheit. Hier, genau hier könnten wir als Familie entspannen und ein Leben mit Katzenklappe und Sonnenschirm führen. Im Sommer grillen. Martha und Louise fühlen sich wohl, auf der Terrasse wachsen Kartoffeln. Aber ich schaffe es nicht einzuziehen, unsere Besetzung stimmt nicht mehr. Ich bin unruhig.

Ich finde einen Platz, an dem ich sein mag: Es ist ein Büro. Meine Ausbildung ist abgeschlossen. Nach meinem Praktikum beim Magazin der *Süddeutschen Zeitung* bin ich offiziell freie Journalistin. Das fällt mir an einem Mittwoch ein, bevor ich am Freitag das SZ-Hochhaus verlasse. Ich habe mich noch bei keiner Redaktion beworben, zu sehr bin ich mit Folgeaufträgen beschäftigt. Es ist der schönste und aufregendste Beruf, den ich lernen konnte. Arbeite ich, bin ich froh.

Als Erstes richte ich das Zimmer in meiner neuen Bürogemeinschaft ein. Vorhänge, Regale, Lampen. Jan hat mir einen langen Tisch gebaut. Es ist von Anfang an mehr als ein Arbeitsplatz, es ist ein Zimmer für mich allein. Mein erstes nach zwölf Jahren. Ich arbeite jeden Tag. Wenn ich keine Aufträge habe, schaue ich auf die Wand hinter meinem Computer. Neben dem Tisch surrt leise eine Elektroheizung, das Zimmer ist gefliest, der Winter kalt und lang.

An manchen Tagen, wenn ich nicht mehr sitzen kann, lege ich mich unter meinen Tisch und betrachte das Holz, das Jan verarbeitet hat. Palette. In der Nähe unserer Wohnung ist eine Baustelle, Jan muss die Paletten geklaut haben, nachts vielleicht. In freien Stunden hat er auf unserer Terrasse gestanden und sie zurechtgesägt, ich habe es nicht gesehen. Ich komme, wenn er geht, und umgekehrt. Familienzeiten haben sich aufgelöst, als wäre ich aus- und in mein Büro eingezogen.

Ich verliebe mich in Paul

Es ist am Johannisplatz, erkläre ich Paul. In der Kirchenstraße, das Haus mit dem Blauregen. Und weil Paul, den ich an diesem Tag im Juli 2013 zum ersten Mal treffe, auch am Johannisplatz wohnt, finden wir es naheliegend, uns zu verabreden. Paul ist Schauspieler, Ensemblemitglied eines Münchner Theaters, dessen Spielzeitheft ich redaktionell mitbetreue. Wir lernen uns bei einem Arbeitsgespräch kennen, auf weißen Plastikstühlen vor einer türkischen Bar. Wir trinken abgestandenen Filterkaffee und rauchen, obwohl es dafür zu heiß ist. Als wir uns verabschieden, schaue ich in Pauls Gesicht und weiß, wir werden miteinander zu tun haben. Ich fahre zurück in mein Büro, lege mich im Flur auf den Fliesenboden und bin dankbar, dass er mich kühlt.

Zwei Wochen später treffen wir uns. Blasser Himmel, Vollmond über den Häusern. Ein Foto, aufgenommen kurz vor unserem zweiten Treffen, das letzte Foto aus meinem alten Leben. Wenn ich es betrachte, muss ich daran denken, was alles nicht geschehen wäre, hätte ich meiner Müdigkeit nachgegeben und wäre nach Hause gefahren. Paul verspätet sich, fast wünsche ich mir, er würde absagen. Doch dann steht er vor mir, die Arme auf seinen Fahrradlenker gestützt, auf dem Kopf eine Schiebermütze. Ich schaue ihn an und bin mir plötzlich wieder sicher, dass alles Sinn macht. Ich bin verliebt. Nach einer durchredeten Nacht fahre ich im Morgengrauen heim.

Bald treffe ich Paul in jeder möglichen Minute, dehne sie zu Stunden und Tagen aus, die ich sonst im Büro verbracht habe. Fahrten durch die Nacht, Taxizentrale Isarfunk, bitte einmal in die Straße M., Hausnummer 52. Schweigen im Wagen, meine Augen brennen. Ich schaue auf das Display meines Telefons, vier Uhr sechs. In zwei Stunden richte ich den Frühstückstisch her, schmiere Schulbrote für Martha und Louise. In vier Stunden kehrt Jan vom Nachtdienst heim. Jan, der an einem Mittwochabend fragt: Du warst nicht im Büro?

Und ich antworte, Nein, bin verlegen, erzähle von Paul, ohne seinen Namen zu nennen, sicher eine Sommergeschichte bloß, das denke ich wirklich. Paul ist sieben Jahre jünger als ich. Er war mit einem Zirkus auf Reisen, hat Straßenmusik gemacht und nie einen Mietvertrag unterschrieben. In München ist er zum ersten Mal fest angestellt, am Theater. Er wohnt zur Untermiete, wieder eine Bleibe ohne Papier. Kurz bevor er auszieht, um in eine eigene Wohnung zu ziehen, spannt er seine Hängematte quer durch den Raum. Er legt sich rein, schweigt, hält das Leben noch ein wenig in der Schwebe, zumindest für ein paar Stunden. Ich fühle mich wohl als Gast in seinem improvisierten Leben, das so wenig mit meinem zu tun hat. Zehn Jahre lang habe ich zusammen mit Jan eine Familie gemanagt, auf Spielplätzen und Elternabenden gesessen. Wir tragen Verantwortung und besitzen Gegenstände wie eine Getreidemühle, wir haben gutes und Alltagsgeschirr, in unserer Einbauküche gibt es einen Backofen auf Augenhöhe, der, wie ich finde, einem familiären Statussymbol gleichkommt. Das Einzige, das Paul gehört, ist ein kleines Auto. Damit machen wir Ausflüge. Paul und ich. Bin ich mit ihm zusammen, verfliegt meine Schwermut, verliert alles andere an Bedeutung. Die Welt um uns herum, sie ist wie abgedunkelt.

Komm bitte wieder, sagt Jan. Und weil wir nicht wissen, dass es für diesen Satz zu spät ist, antworte ich: Ja. Doch ich kann nicht aufhören, Paul zu sehen. Auch nicht, als Jan mich darum bittet. Ob Tage leicht sind oder bedrückt, darüber entscheiden Pauls Briefe, SMS, Verabredungen. Schreibt er, beginnt mein Leben zu leuchten. Kollegin J., beobachtet, wie ich wieder und wieder hastig das Büro verlasse, sie probiert den Satz aus: Frieda ist jetzt mit einem anderen zusammen. Beide hängen wir ihren Worten nach. Absurd, nein, ich werde mich nicht trennen. Das kann ich mir nicht vorstellen, das ist nicht mein Wunsch. Paul zu verlassen auch nicht.

Jan beginnt zu verzweifeln. Er steht nachts auf und hackt Holz. Knallt Türen. Weint. An einem Sonntag entscheiden wir uns für getrennte Zimmer. Vorübergehend. Deshalb müssen sich unsere Kinder wieder eines teilen. Es scheint ihnen zu gefallen. Sie schmieden Pläne, spielen, bevor die Möbel an ihren neuen Plätzen stehen. Die Betten sind schwer, die Schränke auch, und der Kummer schwächt uns.

Wir verrücken unsere Leben, weil ich mich in Paul verliebt habe. Ich bin verantwortlich für diese unerhörte Begebenheit, die unsere Familie prägen wird. Meine Bewegungen sind langsam, die Worte diplomatisch. Jan wird wütend, er ruft den Kindern zu: Eure Mutter verlässt uns, sie liebt einen anderen, und der ist das Böse. Martha und Louise weinen. Ich will sie trösten, aber sie sind unsicher, wem sie sich zuwenden sollen.

Packt eure Sachen, sagt Jan zu ihnen, wir fahren zu meiner Mutter. Ich stehe zwischen Möbeln, Kleiderbergen, Spielzeugkisten. Geht nicht, antworte ich, die Kinder haben Schule. Mir egal, sagt Jan. Und weil ich nicht weiterweiß, wähle ich zum ersten Mal in meinem Leben 110. Sage, dass mein Mann gegen meinen Willen mit den Kindern verreisen will. Wer hat das Aufenthaltsbestimmungsrecht, fragt der Beamte. Das Wort habe ich noch nie gehört. Wir beide, antworte ich. Okay, wir schicken eine Streife. Ich lege auf.

Ich begreife, was ich ja eigentlich weiß, dass wir auch in großer Nähe verstummen können. Die gemeinsame Sprache verlieren und uns fremd werden. Ganz gleich, ob man 14 oder 30 Jahre Leben geteilt und Kinder bekommen hat. Ob man Bach hört und Hölderlin liest, alles egal, nichts hält den Gott des Gemetzels auf, der jetzt zwischen uns in der Küche steht und sie plötzlich zur Crime Scene macht. Ruf an, bestelle die Streife ab, sagt Jan, ich bleibe hier. Er sitzt zusammengesunken auf der Stufe zur Terrasse. Sind Sie sicher, dass wir nicht kommen müssen? Ja, sage ich zum Beamten.

Ich packe meinen Koffer

In den nächsten Wochen bittet mich Jan innezuhalten. Auf uns zu schauen. Er möchte mich schütteln, erklärt mich für unzurechnungsfähig, für abhängig von dem Bösen, das mich ereilt hat. Er ist grob, wie er es nie war, und ich nehme es hin, weil ich weiß, auch er ist von Sinnen. Ich zerstöre unsere Familie, um die er kämpfen will. Meine Schuld erdrückt mich fast, sie ist lauter als jedes andere Gefühl. Und doch vermag ich die Situation nicht zu ändern.

Unmöglich, sich weiter eine Wohnung zu teilen, also packe ich das Nötige für ein paar Tage, mehr werde ich nicht brauchen, denke ich, und übernachte bei einer Freundin. Ich kehre zurück und kümmere mich um Martha und Louise, während Jan arbeitet. Waren sie bedrückt? Haben sie geweint? Ich erinnere mich nicht. Als ich das nächste Mal gehe, ziehe ich einen kleinen Koffer hinter mir her. Zu Paul. Er hat sein Zimmer aufgeräumt, zwei Fächer, hier, in seinem Regal für mich, im Kühlschrank noch ein Rest vom Mittag – wenn ich mag? Paul, der es gewohnt ist, allein zu sein, hat mich zu Besuch, zumindest jetzt, alles gilt immer nur für diesen Moment.

Jan bleibt mit Martha und Louise in unserer Familienwohnung zurück. Bald werden Sie einen Ort brauchen, an dem Sie Ihre Kinder besuchen können, sagt meine Anwältin. Zum ersten Mal in meinem Leben habe ich juristische Hilfe gesucht, denn Jan hat der Kummer wild und Absprachen kompliziert gemacht. Ich nicke. Nur, wo soll ich hin? Ich kann keine Wohnung mieten, dafür verdiene ich nicht genug Geld. Alleine einen Mietvertrag zu unterschreiben, scheint mir mutig, das habe ich noch nie gemacht. Ich werde nun für mich allein haften, ein seltsames Gefühl. Womöglich Schulden machen, die ich tragen muss. Als hätte ich eben Abitur gemacht und wäre erst jetzt in das Erwachsenenleben entlassen worden, ziehe ich mit meinem Köfferchen durch München, schlafe bei Freundinnen oder Paul und habe so viele Schlüssel an meinem Bund wie noch nie. Da sagt Hanna, sie hätte ein Zimmer frei, es sei groß genug für mich und meine Töchter. Es ist Dezember als ich mich entscheide, ihr Angebot anzunehmen.

Kurz vor Weihnachten verabschiede ich mich von meinen Töchtern. Sie fahren mit Jan zu seiner Mutter, so ist es ausgemacht. Sie werden unter einem Baum sitzen, Geschenke auspacken und den Gewürzkuchen essen. Es ist der wärmste Ort, an dem sie Heiligabend sein können.

Küsse auf Kinderstirnen, in meiner Hand der kleine Rollkoffer, ein billiges Modell, ich laufe zur U-Bahn. Der Weg dauert sieben Minuten. Ich denke darüber nach, wie laut die Rollen auf dem Asphalt rattern, und dass ich mir einen silbernen Hartschalenkoffer von Rimowa wünsche. Mit einem Hartschalenkoffer wäre alles weniger schlimm. Der Kummer, die Schuld, die ich empfinde. Wer verabschiedet schon seine Kinder kurz vor Weihnachten, macht's gut, ich denke an euch, wir telefonieren? Ich fahre zu Paul, nichts hält mich in einem bald leeren Zuhause. Straße M., Klingel K., Paul hat die Tür angelehnt, er sitzt auf dem Fußboden, als ich in sein Zimmer trete. Mit der Küchenschere von Frau K. schneidet er Papier zu, um ein Buch für seine Schwester einzuschlagen. Dabei hört er Musik und trinkt Weißwein, er ist da gerade mittendrin und arbeitet konzentriert. Ich schaue ihm zu, jetzt, wo ich schon mal hier bin, und versuche, Welten zu wechseln, mich mit Paul in seiner Bastelei zu verlieren und zu überlegen, wie wir Weihnachten feiern könnten.

Paul hat das Fest bisher in den Kneipen fremder Städte verbracht. Für mich ist es das erste Weihnachten meines Lebens ohne meine Familie. Für Paul eines der wenigen mit so etwas wie Familie. Wir entscheiden uns, mit seinem Auto ins Allgäu zu fahren. Wir reisen durch deutsche Kleinstädte, übernachten in Gasthöfen und Pensionen. Zwei, für die es keinen wirklichen Ort gibt in diesen Tagen. An jeder Rezeption erwarte ich prüfende Blicke, als würden unsere unterschiedlichen Nachnamen das Unerhörte unseres Zusammenseins verraten, mich als Kriminelle entlarven: Frau Cossham, ich muss Sie bitten mitzukommen. Sie werden verdächtigt, familienflüchtig zu sein.

2 Ist keine Mutter besser als eine halbe?

Jan und ich entscheiden, uns die Kinderbetreuung zu teilen

Früher als ich hat Jan verstanden, was es bedeutet, Teilzeiteltern zu werden. Du raubst mir die Hälfte ihrer verbleibenden Kindheit, sagt er. Ich werde Jahre mit meinen Töchtern verlieren. Wütend sagt er das während einer der letzten Auseinandersetzungen in unserem gemeinsamen Zuhause, und ich finde, er übertreibt. So kann man das nicht rechnen, antworte ich, Leben lässt sich nicht kalkulieren, Jahre nicht gegeneinander aufrechnen.

Heute verstehe ich ihn. Der Verlust der gemeinsamen Zeit ist unauffällig, er wird überdeckt von einer neuen Normalität. Dennoch müssen wir uns von der selbstverständlichen Nähe zu unseren Kindern verabschieden. Wir teilen Räume, Erlebnisse, Freunde nur mehr halb. Es wird immer mehr in Marthas und Louises Leben geschehen, das ich nicht gesehen oder gehört habe, wovon ich vielleicht nie erfahren werde. Als wären sie plötzlich zwanzig, muss ich sie gehen lassen. Aber daran denke ich nicht, als ich bei meiner Freundin Hanna einziehe. Ich habe nicht geplant, Teilzeit-Mutter zu werden.

Es gibt Menschen, homosexuelle wie heterosexuelle, die sich bewusst dafür entscheiden, eine Elternschaft zu teilen. Das Familienmodell nennt sich Co-Parenting, ihm liegt keine Liebesbeziehung zugrunde. Die Eltern, die sich meist übers Internet kennengelernt haben, leben in getrennten Haushalten und erziehen gemeinsam ein Wunschkind. Teilzeiteltern stolpern weniger auf- und abgeklärt in dieses Lebensmodell. Sie kämpfen mit den Nachwirkungen der Trennung und müssen verarbeiten, dass sie gescheitert sind mit dem, was sie eigentlich wollten oder gesucht haben. Und während die Hilfsmaßnahmen anlaufen, Anwälte eingeschaltet und Mediationsgespräche geführt werden, wird man zu dieser halben Mutter, die man auch Teilzeit-Mutter nennen kann, als wäre das Erziehen bloß noch halb so arbeitsintensiv und halb so anerkannt wie bei Vollzeitmüttern. In kurzer Zeit muss man Entscheidungen treffen. Es geht nicht mehr um die Frage, will ich ein Kind oder nicht, mit der sich manche Paare jahrelang beschäftigen. In wenigen Wochen muss man herausfinden: Wie will ich mein Kind? Wie kann ich ihm Mutter sein und bleiben? Darüber habe ich mir vor meiner Trennung keine Gedanken gemacht. Das Was-wäre-wenn-Spiel habe ich nie gespielt. Eines aber weiß ich sofort: Dass Jan unsere Töchter in Zukunft nicht weniger sehen soll als ich. Dass wir uns die Erziehung teilen werden. So, wie wir es bisher gemacht haben.

Eine Woche bei mir, eine Woche bei dir

Das Wort Wechselmodell höre ich zum ersten Mal im Beratungszimmer meiner Anwältin. Sich Rechtshilfe zu suchen hinterlässt ein mulmiges Gefühl. Meine Anwältin soll mir helfen, mich gegenüber jemandem zu behaupten, der mir seit der Schulzeit Gutes will und der das, wie ich denke, nur vorübergehend vergessen hat. Erstens. Zweitens muss ich diese Hilfe bezahlen, sie ist sicher teuer. Die Anwältin zählt die Möglichkeiten auf, die ich jetzt als Mutter habe: Ich kann eine Alleinerziehende werden, deren Kinder zu ausgemachten Zeiten ihren Vater sehen. Das ist die klassische Wochenendlösung, für die sich immer noch mehr als 90 Prozent der Getrennten entscheidet. Die Kinder bleiben bei der Mutter, der Vater wird zur Randfigur. Das will ich nicht.

Das andere Modell, das meine Anwältin vorschlägt, ist das Nestmodell, bei dem die Eltern abwechselnd mit den Kindern in der (alten) Wohnung leben und in der verbleibenden Zeit eigene Apartments beziehen. Wie aber sollten wir drei Wohnungen in einer Stadt wie München finanzieren? Und bliebe das ehemalige Zuhause ein warmes Nest, wenn es abwechselnd von zwei Menschen besucht wird, die sich zwangsläufig langsam entfremden? Und ist nicht Zuhause dort, wo Mama und Papa *leben*? Wo sie sich ausbreiten, einrichten, Post öffnen?

Nein, ich will die Kinder und nicht den Ort teilen. Dass das egoistisch ist, weiß ich. Ich möchte sie *bei mir* haben. Sind Martha und Louise zu gleichen Anteilen bei Jan und mir, würde niemand von uns unterhaltspflichtig sein, auch das empfinde ich als gerecht. Ich will nicht, dass Jan mir Geld überweist für ein Leben, das er nicht gewählt hat. Gegen das er sich wehrt.

Wir einigen uns darauf, dass unsere Töchter wochenweise wechseln sollen. Es scheint mir die kleinstmögliche Einheit zu sein, die das Vermissen nicht zu groß und das Einleben nicht zu schwer macht.

Ich wohne nun in dem größten Zimmer in Hannas Wohnung. In einer Ecke steht das Etagenbett der Kinder. In der anderen mein altes Ehebett. Vor den Fenstern ein kleiner Schreibtisch, für die Kinder eine alte Schulbank. Ein paar Spiele, Malsachen, Bücher, Zusammengewürfeltes wie in einer Ferienwohnung, in der jeder Gast etwas zurückgelassen hat.

Martha und Louise sind verhalten in diesen ersten Wochen. Sie leben sich nicht ein, sie besuchen mich. Ihr Zuhause ist dort, wo wir als Familie gewohnt und ich ihren Vater zurückgelassen habe. An unserem ersten Wochenende, das wir gemeinsam in Hannas Wohnung verbringen, weint Louise. Sie findet unsere neue Bleibe nicht schön und fragt: Warum kannst du nicht einfach zurückkommen, Mama? Weil Papa und ich nicht mehr an einem Ort wohnen können, sage ich, und Louise antwortet, dass sie das ja wisse. Ihre Tränen tun ihr leid, sie entschuldigt sich für ihren Kummer, sie will nicht, dass ich unglücklich werde. Eine Neunjährige, die vernünftiger spricht, als sie sein kann, kaum zu ertragen. Ich nehme sie in den Arm und versuche nicht, sie vom Gegenteil zu überzeugen.

Das neue Zimmer ist meine erste Bleibe ohne Jan. Ich bin nicht um-, ich bin vor allem weggezogen. An einen Ort, den ich vorübergehend als Zuhause betrachte, an dem auch meine Töchter mit mir sein können. Dass wir dafür auf eigene Zimmer verzichten müssen, nehmen wir schweigend hin.

Die Kinder sind jetzt das Wichtigste, sagt meine Anwältin, sagen Freunde. Ja, antworte ich, das stimmt. Aber ich empfinde es nicht so. Ich bin ausgestiegen aus einem Familienmodell, ohne mich für ein neues entschieden zu haben. Ich weiß nicht, für was ich mich einsetzen soll, zu sehr bin ich damit beschäftigt, mich in dem neuen Alltag, der noch keiner ist, zurechtzufinden. Ich gehe arbeiten, sitze nachts mit Hanna in der Küche. Ich treffe Paul, der mir hilft, mich von meinem alten Leben zu verabschieden. Von den alten Strukturen und Gewohnheiten. Wir sprechen kaum über die Vergangenheit. Paul fragt nicht viel, die Kinder hat er noch nie getroffen. Ich bewege mich in Parallelwelten. Ich bin seine Geliebte, daran halte ich mich fest. Aber bin ich auch noch Mutter?

Ist der Vater die bessere Mutter?

Unter den neuen Umständen kann ich nicht mehr die Mutter sein, die ich einmal war. Welche dann?

Meine schweigenden Töchter erinnern mich an die Schuld, die ich trage. Sie hemmt mich. Jan ist eine bessere Mutter, denke ich, und dass ich mich vielleicht aus ihrer Welt zurückziehen sollte. Ein vertrauter Gedanke, der bereits meine Mutter beschäftigt hat. Sie ist aus unserer Familienwohnung in Hamburg ausgezogen als sie 25 und ich

zweieinhalb war, und eigentlich wollte sie mich mitnehmen. Eine neue Bleibe hatte sie bereits gefunden, in einer
Wohngemeinschaft mit zwei weiteren Familien auf dem
Land. Eine der Mütter sollte mich zusammen mit ihren
eigenen Kindern betreuen. Die Zimmer waren schon gestrichen, als meine Mutter beobachtete, wie mir eines der
Kinder im Sandkasten die Schaufel über den Kopf zog. Ihrer
Erzählung nach hätte ich nicht geweint, sondern staunend
geschaut.

Ein unerträglicher Moment sei das gewesen, sagt meine
Mutter, die fortan das Gefühl hatte, nicht mehr für mein si-
cheres Aufwachsen sorgen zu können. Als ausgebildete Er-
zieherin hätte sie Vollzeit arbeiten und mich bis halb sechs
in einer Gesellschaft zurücklassen müssen, die, das glaubte
sie, mein Vertrauen in die Welt zerstört hätte. Das entsprach nicht ihrem Bild einer fürsorglichen Mutter. Über-
mannt von dem Gefühl, nicht ihrem Anspruch gerecht werden zu können, entschied sie, mich bei meinem Vater zu
lassen, dem sie vertraute. Er versprach, weiterhin meine
von mir geliebte Tagesmutter zu engagieren und zu finanzieren. Auf die Idee, eine Wohnung in Hamburg zu mieten
und die Tagesmutter bei uns zu empfangen, sei sie nicht gekommen, sagt sie: Es gab viele Möglichkeiten, meine Angst
um dich hat mich blind gemacht. Sie zog sich zurück und
zahlte für mich Unterhalt – eine Rollenverteilung, die in
den 1980er-Jahren sicher ungewöhnlich war.

In den folgenden sechs Monaten besuchte mich meine
Mutter ausschließlich nachts, wenn ich schlief. Auf diese
Weise dachte sie, dem Trennungskummer vorzubeugen, ich
sollte mich von ihr entwöhnen. Bei unserem ersten Treffen

erkannte ich sie nicht wieder. Als müsste ich ein Missverständnis aufklären, hätte ich ihr damals beschrieben, wie meine Mutter tatsächlich aussähe, erinnert sie sich. Ich sah sie anschließend häufiger, je nach Absprache manchmal täglich. Mit dem Einzug meiner Stiefmutter wurde unser Kontakt beschränkt auf ein- oder zweimal in der Woche, nach unserem Wegzug aus Hamburg auf zweimal im Monat.

Wie konntest du deine Tochter zurücklassen, wird meiner Mutter immer wieder vorgeworfen, zuletzt auf einem Klassentreffen in diesem Jahr. Ich habe sie nicht zurückgelassen, antwortet meine Mutter: Erstens habe ich meine Tochter regelmäßig besucht, zweitens war sie gut aufgehoben bei ihrem Vater. Eine emanzipierte Haltung, die meine Mutter eingenommen hat. Auch wenn ihr Entschluss, mich bei meinem Vater zu lassen, einer seelischen Not entwachsen ist und wenig mit feministischen Ansätzen zu tun hatte. Sie bereut ihre Entscheidung bis heute nicht.

Ich verliere die Orientierung

Als ich selbst Mutter werde, fällt es mir schwer, ihren Auszug nachzuvollziehen. Ich betrachte meine kleinen Töchter und denke, kein Grund auf dieser Welt könnte mich dazu bewegen, sie ihrem Vater zu überlassen. Die Vorstellung, ich würde sie nicht mehr täglich sehen, löst Bauchschmerzen aus. Wie hat meine Mutter es ausgehalten, mich ein halbes Jahr nicht in den Arm zu nehmen, mich nicht zu trösten, mit mir – ich konnte doch schon laufen – nicht die Welt zu entdecken?

Einige Jahre lang steht mein Unverständnis zwischen uns und erschwert unsere Kommunikation. Wir haben eben wenig gemeinsam, erkläre ich mir und anderen unser schwieriges Verhältnis und erschrecke, als ich feststelle, dass ich nach der Trennung von Jan wie meine Mutter darüber nachdenke, mich von meinen Töchtern zu verabschieden. Ich empfinde große Lust, es ihr gleichzutun. Mich für mein Scheitern innerhalb der Familie zu bestrafen. Lieber keine als eine halbe Mutter, denke ich heimlich.

Die Redaktion, in der ich arbeite, wird nach Hamburg umziehen, vielleicht sollte ich mich ihr anschließen? Ich könnte das Zimmer bei Hanna behalten und pendeln. Zehn Tage Hamburg, vier Tage München. Hanna schaut mich nachdenklich an, als ich ihr davon erzähle. Wir sitzen an ihrem kleinen Küchentisch, an dem wir ein Jahr lang alles besprechen werden. Sie sagt: Aber was ist, wenn eines der Kinder krank wird oder Sehnsucht hat? Darauf fällt mir nichts ein. Sie sagt: Ihr werdet euch entfremden. Das werden wir auch in München, denke ich, nicke aber.

Ich bin orientierungslos. Fühle mich nicht im Recht, um die Nähe zu meinen Kindern zu kämpfen. Weder erkenne ich, dass es mein Recht ist, noch, dass es sich lohnt, es einzufordern. Du hast sie verlassen, sagt Jan. Ich habe mein Glück mit ihrem Kummer erkauft, ihn zumindest hingenommen. Sieht nicht so aus, als wäre ich eine verantwortungsvolle Mutter. Vielleicht sollte ich besser etwas anderes machen? Das Projekt Mutter abbrechen wie einen Studiengang? Nichts scheint mehr Sinn zu machen, als lösten sich alle kausallogischen Verknüpfungen meines Lebens auf.

Würden die Zeugen Jehovas klingeln und mich einladen, sie bei ihrer Mission in Nigeria zu unterstützen, ich würde sicher eine Weile darüber nachdenken.

Teilzeit-Mütter haben keine Lobby

Es sind nicht die mahnenden Worte anderer, die mich er-den, es ist das Vermissen. Ich sehne mich nach meinen Töchtern, von denen ich mich nun jeden zweiten Mon-tag verabschieden muss. Vorher schmiere ich Schulbrote, binde Hochzöpfe und krame nach Essensgeld. Ein Kuss noch, schnell, es ist ja schon halb acht, dann fällt die Tür ins Schloss. Den Rest der Woche wohnen sie bei Jan. So ist es verabredet. An diesen Montagen arbeite ich länger oder gehe ins Kino. Ich will nicht nach Hause, wo vor den Kin-derbetten Häufchen liegen aus Pyjamahosen und T-Shirts, abgestreift in der Eile des Morgens. Zerwühlte Bettdecken, Strickzeug, Louises Tagebuch, ein Wasserglas. Es sieht so aus, als würde gleich die Tür aufgehen, was gibt's zu essen? Darf ich Musik hören? Aber nichts passiert, und so räume ich auf, drücke meine Nase in ihre Kleidung, glätte, ordne, wasche.

Ich ahne, was es bedeutet, Teilzeit-Mutter zu sein. Wusste ich elf Jahre lang immer, was meine Kinder machten, so er-fahre ich es jetzt nur sporadisch. Es fällt mir schwer, eine lässige Mutter zu bleiben. Früher konnte ich mir der Mäd-chen sicher sein: Sah ich sie abends nicht, sah ich sie eben morgens. Ich habe sie nicht mal vermisst, wenn sie drei Wo-chen bei ihrer Großmutter waren. Ich habe Adventsmärkte geschwänzt und die Namen ihrer Freunde vergessen, die Namen anderer Eltern sowieso. Und heimlich fand ich das ganz schick. Nun aber sind Elternabende kostbar geworden. In der Vaterwoche sind es die einzigen Stunden, die mich meinen Kindern nah sein lassen, in denen ich mich vergewissere, dass ich ihre Mutter bin. Ich sehe mir die Bilder im Klassenzimmer an und frage mich, wie es Martha oder Louise wohl ging, als sie die malten. Hatte ich sie an diesem Tag im Arm gehalten? Oder ist das Bild in der Vaterwoche entstanden? Und dann reden alle über einen wilden Vincent. Ob sie ihn mögen? Das muss ich sie fragen, nehme ich mir vor. Ich frage viel mehr als vor einem Jahr. Als gelte es, die verlorene Hälfte ihrer Lebenszeit zu rekonstruieren. Wie, du hast ein Geschenk eingekauft – allein?, frage ich, wo? Eigentlich normal, dass eine Zehnjährige loszieht, um für ihre Klassenkameradin ein Geburtstagsgeschenk zu kaufen, aber ich muss staunen. Was hast du gekauft? Bist du U-Bahn gefahren? Ich habe Angst, ich könnte eines Tages in der gleichen Bahn sitzen, sie zufällig treffen. Ich würde sie begrüßen, und dann müsste ich vor anderen Fahrgästen fragen, was doch jede Mutter eigentlich weiß: was sie da machen.

Ich denke an die Eltern, die nach dem Auszug ihrer Kinder in eine Krise stürzen. An das sogenannte Empty-Nest-Syndrom. Wissenschaftler beschäftigen sich mit dem Thema, es gibt Selbsthilfegruppen, die Betroffene dabei unterstützen, die Trauer des Abschieds und die neue Einsamkeit zu überwinden. Genauso fühlt es sich an, mein neues Teilzeit-Mutterdasein, nur haben Teilzeit-Mütter keine Lobby. Niemand hat mich gewarnt vor den blauen Stunden des Vermissens. Den leeren Betten. Nicht mal die Teilzeit-Mütter selbst. Ob sie es leichter nehmen können als ich?

Ich frage Nina, die ihre Töchter jede zweite Woche sieht, frage Marie, deren Kinder tageweise zwischen ihr und ihrem Exmann pendeln. Sie erzählen, wie matt sie der Abschied macht. Wie sie sich aufrappeln müssen nach einem Kinderwechsel. Nina sagt, anfangs sei sie in den kinderlosen Wochen in ein Loch gefallen. Es sei schwer gewesen, sich zu disziplinieren, pünktlich zur Arbeit zu fahren, obwohl sie morgens mehr Zeit gehabt hätte. Nach einem Jahr, wenn das Wechseln zur Routine geworden sei, werde es besser, sagen die Mütter. Sie sind die Ersten, die über das Vermissen sprechen. Aber nicht von sich aus, sondern weil ich sie darum bitte.

Dabei teilen viele Eltern ihre Kinder. Martha und Louise fällt es leichter aufzuzählen, welche Eltern in ihrem Umfeld noch zusammen sind, als die Getrennten zu nennen. Denn Letztere sind die Mehrzahl. Kinder aus intakten Familien bilden strukturell eine homogene Gruppe, denn sie haben einen Lebensmittelpunkt. Teilzeitkinder haben meistens mehrere. Die elterlichen Verantwortlichkeiten sind undurchschaubar, im Zweifel aber werden sie bei der Mutter gesucht. Vielleicht ist das der Grund, warum Mütter nicht über das Vermissen sprechen. Ungehörig scheint es, nicht zu wissen, wo sich das zehnjährige Kind gerade aufhält. Ob es warm genug angezogen ist. Schwarzfährt oder nicht. Denn das muss ich als Mutter erklären können, denken andere, denke ich. Und ganz gleich wie plausibel ich mein Unwissen begründen kann – ein desolater, zumindest bemitleidenswerter Eindruck bleibt.

Erzähle ich Fremden oder Kollegen, dass ich zwei Töchter habe, fragen sie meist erstaunt: Ach, und wo sind deine Kinder jetzt? Als läge die Gefahr nahe, dass ich sie in der U-Bahn vergessen haben könnte. Oder draußen vor der Tür. Als wäre es selbstverständlich, dass ich meinen Kindern nicht von der Seite weiche, auch nicht, wenn ich abends in einer Bar stehe. Es sind meist Männer, die mich das fragen. Eigentlich lustig, dieser Reflex, doch als Teilzeit-Mutter greift mich die Frage an. Ich bin nicht mehr stunden-, sondern wochenweise ohne meine Kinder. Niemand soll an meiner Nähe zu den Kindern zweifeln, das mache ich schon selbst.

Meine Töchter verstummen, und wir entfremden uns

Sind Martha und Louise bei ihrem Vater, arbeite ich länger, treffe Freunde, lasse es spät werden. Nach drei Nächten und einem Tag bekomme ich Sehnsucht. Ich rufe sie an. Unsere Gespräche sind einsilbig, denn Kinder vermissen nicht, jedenfalls nicht so wie Erwachsene. Ich platze mit meiner Einsamkeit in ihre erfüllten Kindertage, reiße sie zu jeder Zeit aus etwas heraus. Vor meiner Trennung von Jan wäre ich nicht auf die Idee gekommen, länger mit meinen Kindern telefonieren zu wollen. Doch jetzt entfremden wir uns, und dagegen wehre ich mich.

Ein Bild, das ich erinnere und das mich in diesen Tagen beschäftigt: Jan, der auf dem Küchenfußboden liegt, die Beine angezogen, die Arme um die Knie geschlungen. Er weint, weil ich gehe. Und die Kinder sehen es. Wie oft wirft er sich hin? Wie oft zwingt er Martha und Louise, seine Trauer mitzutragen? Ich spüre, wie sie sich mir entziehen. Ich beobachte, wie vertrauensvoll sie sich meiner Freundin Hanna zuwenden, während sie mich bloß höflich behandeln.

In den ersten Wochen wechseln sie stumm die Haushalte, sie nehmen das Geschehen hin und wünschen mir ratlos viel Spaß. Das steht jedenfalls auf der Karte, die sie mir in diesem Jahr zum Muttertag schenken. Ein Herz aus orangefarbenem Karton, aufklappbar, mit Glitzer verziert. Ich bekomme jedes Jahr eine Karte, die Kinder basteln sie im Hort. Ich lege das Herz weg und suche die älteren Karten heraus, 2013, 2012. Die Texte sind andere. Für die liebste Mama der Welt, zum Beispiel. Einmal ist es ein Frühstücksgutschein, der verspricht, ich müsste erst aufstehen, wenn der Tisch gedeckt sei. Nun wünschen sie mir viel Spaß. Das liest sich wie: Hau rein. Oder: Mach's gut.

Vielleicht war Louise in Eile, als sie diese Zeile schrieb. Oder sie hat sie bei einer Freundin abgeschrieben. Ich erschrecke trotzdem, die Karte ist distanziert wie meine Kinder selbst.

Sie weichen meinen Umarmungen aus. Lesen still in Büchern. Der, der geht, hat eben den schwarzen Peter, sagt meine Mutter am Telefon, als ich ihr erzähle, dass meine Kinder mich meiden. Ich wehre mich. Sage, dass ich meine Kinder nicht verlassen habe. Meine Mutter schweigt, und ich bin mir plötzlich nicht mehr sicher, was gerade wirklich geschieht.

Ich gehe ins Kino. Es läuft »Grace of Monaco«. Ich beobachte Nicole Kidman in ihrer konservierten Schönheit, wie sie als Fürstin Gracia Patricia ihrem Mann Rainier und dem monegassischen Volk zuliebe darauf verzichtet, Alfred Hitchcock nach Amerika zu folgen und die Hauptrolle in einem seiner Filme zu übernehmen. Die Ausstattung ist bombastisch, die Szenen sind pathetisch, Kitsch im Großformat, aber ich hänge an Grace. Beobachte, wie sie unter der strengen Etikette des Hofes leidet, sich aber trotzdem entscheidet, alles zu tun, um ihren Aufgaben gerecht zu werden. Sie gibt die Schauspielerei auf für eine, wie es im Film heißt, noch größere Rolle, nämlich die der Gattin. Sie beherrscht sich, und ich finde, der Verzicht macht sie groß, zumindest auf der Leinwand.

Hätte ich auf Paul verzichten müssen, so, wie es Jan von mir verlangt hat? Habe ich nicht meine Rechte als Mutter verspielt, indem ich einer Leidenschaft gefolgt bin, die meiner Familie Schaden zugefügt hat? Wir sind an ihr zerbrochen, das haben Jan und ich zugelassen. Ich habe genommen, was mir nicht zusteht, so fühlt es sich an. Ich habe mich in Pauls Arme gelegt, den Alltag ausgewrungen, um Zeit mit ihm zu verbringen. Und manchmal, wenn ich mich eben erst von ihm gelöst habe und vor meinen Töchtern stehe, denke ich: I am dismissed. Als müsste ich mich entscheiden, ob ich Mutter oder Geliebte sein will, weil sich die Rollen gegenseitig entwerten.

Seltsam konservativ und moralinschwer sind diese Überlegungen. Niemand in meinem Umfeld macht mich das denken, ich bin es, die meint, ihr Glück müsse abgestraft werden. Es scheint mich meinen Töchtern zu entfremden, die, gefangen im Kummer ihres Vaters, nicht wissen, wie sie mir begegnen sollen.

Ich will uns aus unserer Sprachlosigkeit befreien. Mich gegen das Entfremden stemmen. Wie war es in der Schule, frage ich Martha und Louise, wenn sie zu mir kommen. Was steht in dem Buch, Martha, das du liest? Soll ich euch bei den Pfadfindern anmelden? Wollen wir zusammen rausgehen? Die Kinder seufzen. Ich lese Schulmitteilungen, für die ich früher irgendwie keine Zeit hatte. Ich suche in ihren Schultaschen nach alten Broten und Lebensschnipseln, die mir verraten, wie sie sich fühlen. Einmal finde ich eine Entschuldigung: »Liebe Frau K., meine Schwester Louise hat heute eine Tasche dabei, den ihr Schulranzen ist drekig. Ich hoffe sie können das berücksichtigen. Vielen Dank! Martha.«

Sie muss es geschrieben haben, nachdem ich ausgezogen bin. In unserer alten Wohnung. Dass Martha sich für ihre kleine Schwester verantwortlich fühlt, macht mich unruhig. Wo war Jan? Ich kann es nicht kontrollieren, mein Einfluss beschränkt sich auf die Wochen, in denen die Kinder bei mir leben. Umso wichtiger, genau zu wissen, wie es ihnen geht. Ich beginne, um ihre Nähe zu kämpfen. Mir fällt auf, dass sie schön und klug sind, und das sage ich ihnen. Laufe ich neben ihnen die Straße runter, schaue ich in die Gesichter der Entgegenkommenden. Ob sie erkennen, dass wir eine Familie sind? Ich beobachte unsere Spiegelbilder in Schaufensterscheiben: Das sind wir. Unser Zusammensein ist kostbar, und wir gehen vorsichtig miteinander um. Als müssten wir erst herausfinden, wie das geht, Mutter sein, Kind sein.

Im Mitbringselwahn

Habe ich meinen Töchtern früher etwas geschenkt, wenn es einen Anlass gab, so bringe ich ihnen nun ständig etwas mit. Haarspangen. Halstücher. Glitzerstifte. In kinderlosen Wochen stehe ich in Läden und denke darüber nach, was ihnen wohl gefallen könnte. Manchmal sage ich laut: Nein, das sind Marthas Farben, Louise werden diese besser stehen. Ich erinnere mich beim Auswählen an ihre Größe, an ihre Haarfarbe, an ihr Wesen, bis sie quasi neben mir stehen, meine Töchter. Manchmal komme ich dabei mit Verkäufern ins Gespräch, die ich überzeuge, dass meine Kinder besonders schön, klug und tapfer sind.

Nur der Mitarbeiter in der Zoohandlung bleibt ungerührt. Er ist groß, groß sind auch die Augen hinter seiner Brille. Er trägt Schnauzer und eine grüne Weste. Ob so ein Goldfisch auch alleine klarkomme, frage ich ihn. Beim Herumschauen habe ich mir überlegt, wie sehr Martha sich freuen würde, wenn in unserem Zimmer auch ein Goldfisch wohnen würde. In einem Kugelglas. Ja, sagt er, diese Fische kann man einzeln halten. In Leitungswasser? Der Mann in Grün holt Luft, erklärt und nimmt einige Packungen aus dem Regal, Produkte, die das Leben eines Goldfisches komfortabler machen würden. Ich finde, diese Dinge sind in der Summe ein bisschen teuer für ein wöchentliches Mitbringsel. Der Mann übertreibt sicher, denke ich und will herausfinden, auf was ich verzichten kann. Er wird misstrauisch. Wie groß denn das Aquarium sei, das ich habe? Mir wird warm. Ich weiß, ich muss jetzt lügen, das Wort Kugelglas besser nicht erwähnen. Ich zeige auf ein Aquarium neben mir im Regal und sage: So ungefähr. Das ist zu klein, sagt er, das muss mindestens einen Meter lang sein. Ich werde ärgerlich. Weiß man doch aus Filmen, dass Goldfische auch in Kugelgläsern leben können. Wir diskutieren. Schließlich sagt mein Gegenüber laut: Tut mir leid, ich kann Ihnen keinen Goldfisch verkaufen, da mache ich mich strafbar.

Ich schiebe beschämt ab. Auf dem Viktualienmarkt kaufe ich drei Forellen. Auch sie sind teurer als andere Mitbringsel, aber sie sind schon tot und brauchen weniger Platz als ein Goldfisch. Jede Woche denke ich, dass es Zeit sei für eine neue Normalität, dass ich weniger schenken sollte. Aber noch fühlt sich nichts normal an.

Jan verliebt sich in Anna

Immer noch stecke ich fest in meinem seltsam schizophrenen Leben. Ich lebe wochenweise mit Paul und mit meinen Töchtern und kann weder hier noch dort erzählen, was mich beschäftigt. Mein Wunsch, Paul vorzustellen, ist groß. Doch ich erwähne ihn kaum, ich kann ja schlecht fragen: Mädchen, wann möchtet ihr das Böse kennenlernen? Mir fallen die Worte einer geschiedenen Mutter ein, die sagte: Mein Liebhaber? Der ist privat, den werden meine Kinder nicht kennenlernen! Manchmal stehe ich an Ampeln und stelle mir vor, ich würde alles rückgängig machen, meine Schritte umlenken, da drüben in die U-Bahn steigen und zu unserer alten Wohnung fahren, klingeln, Jan stumm umarmen. Meine Kinder würden Paul nie kennenlernen, die dunklen Monate blieben hinter uns wie ein Spuk, ein Cauchemar. Ob die Kinder sich das erträumen?

Fünf Monate nach meinem Auszug hole ich sie bei Jan ab. Ich war am See, sage ich. Wir sitzen im Auto, Martha und Louise schweigen. Ich war am See und hätte euch gerne dabeigehabt, wiederhole ich, Paul hat ein Boot. Sein Name wie ein Testballon, den sie zerschießen: Ach Mama, du mit deinem Paul. Schweigen. Ich werde ungeduldig. Ich verstehe, dass sie keine Lust haben, mein Glück zu teilen. Wenn wir einander gar nichts mehr erzählen, sage ich, dann wird uns fad werden. Wir werden uns verlieren, denke ich, aber das sage ich nicht. Martha macht das Radio an.

In den Pfingstferien fahren Martha und Lousie mit Jan nach Kroatien, zelten. Und als sie zurückkehren, ist alles anders. Braun gebrannte Mädchen stehen in meinem Hausflur, an ihrer Seite ein zerzauster Vater. Ich bin jetzt zu sechst, sagt er, und dass er erwartet werde. Dann geht er. Zu sechst? Ich verstehe nichts, kann die Aufregung meiner Töchter nicht einordnen. Papa hat eine Freundin, erklären sie, Anna, und die hat auch zwei Kinder, Robin und Marie, sechs und 12 Jahre alt, und eine große Wohnung, und da werden sie einziehen, bald, also nächste Woche, und dann werden sie zu sechst leben, zusammen mit den neuen Patchworkgeschwistern. So haben sie sich das überlegt, auf dem Campingplatz, auf dem sich Anna und Jan geküsst haben, das haben alle gesehen. Meine Töchter trippeln vor mir auf und ab, so leicht fühlen sie sich, weil ihr Vater nicht mehr traurig ist.

In den nächsten Tagen beobachte ich, dass sie meine Nähe suchen. Eine Nähe, die Jan nach unserer Trennung nicht zugelassen hat, dafür wird er sich nach seinem Einzug bei Anna entschuldigen. Eure Mutter verlässt uns, ein Satz, den er während unserer Trennung wiederholt hat, ließ meine Töchter verstummen. Dass seine Behauptung mein Verhältnis zu Martha und Louise belastet hat, tut ihm später leid, in der Mitte einer neuen Familie stehend. Zusammen mit Anna wird er sich darum bemühen, dass unsere Töchter mich lieben. Stolz auf mich sein können. Mir verzeihen, so wie er.

Wie die Kinder bin ich erleichtert, dass mich Jans Wut nicht mehr verfolgt. Und mich meine Töchter zum ersten Mal nach Paul fragen. Sie versuchen, das Leben ihrer Eltern zu sortieren wie das ihrer Puppen: Mama, Papa, Kind. Ihr Vater hat jetzt Anna, und ich habe – wo ist der eigentlich? Sie fragen nach Paul. Das berührt mich. Seit einem halben Jahr warte ich darauf, die zwei Welten, in denen ich mich bewege, zu vereinen.

Doch erst mal ziehen meine Mädchen mit ihrem Vater wie angekündigt bei Anna ein. Jan, Martha und Louise schlafen keine einzige weitere Nacht in unserer alten Familienwohnung. Ich wünschte, meine Töchter hätten sich von ihr verabschieden können, und weiß, dass ich das nicht beeinflussen, nicht einmal aussprechen darf als Mutter, die das Zuhause als Erste verlassen hat.

Zum ersten Mal fühle ich mich als Teilzeit-Mutter ohnmächtig: Ich muss Jans Entscheidungen akzeptieren. Wie und wo meine Töchter leben, kann ich nur noch hälftig mitgestalten. Meine Bedenken nur mit Freunden teilen. Jan und ich schaffen es noch nicht, frei miteinander zu kommunizieren. Innerhalb von Tagen bildet sich eine neue Familie, lernen Martha und Louise neue Menschen und Gewohnheiten kennen.

Nicht die richtige Zeit, um Paul vorzustellen, entscheide ich.

Meine Töchter gehören nun zu einer Patchworkfamilie

Ich hole das restliche Feriengepäck der Kinder ab, und bei der Gelegenheit treffe ich Anna, die Frau, für die sich Jan vor zwei Wochen entschieden hat. Ich bewege mich langsam. Gerne hätte ich dieses Treffen um einen Monat verschoben. Oder zwei. Aber nun ist es vereinbart, und ich denke, es ist wie mit Pflastern: Die muss man schnell abreißen, sonst ziepen sie. Ich gehe durch ein schmiedeeisernes Tor, das meinen Kindern bald vertraut sein wird. Im Treppenhaus riecht es fremd. Altbau, erster Stock, ich klingle, und Jan öffnet mir, das ist jetzt auch seine Wohnung. Ich trete ein, laufe durch hohe Räume. Mir gefällt, was ich sehe. Möbel, Lampen, Trödlerchic. Ich lächle, möchte liberal und aufgeschlossen sein, neugierig und warmherzig. Ich möchte es besser machen als meine Eltern, die es selten länger als eine Übergabe lang auf Türschwellen miteinander aushielten.

Jan und Anna sitzen am Küchentisch vor dem offenen Holzofen und rauchen. Ich sitze gegenüber und schaue ihnen dabei zu, wie sie sich eine Zigarette teilen. Das ist also das neue Cast. Die Frau, die meine Kinder prägen wird. Sie werden zusammen lachen und mit ihr essen, was sie zubereitet. Vorlieben teilen oder sie ablehnen. Auf die Welt schauen. Anna ist mir sympathisch. Aber ich denke in diesem Moment, dass die Liebe willkürlich ist, Patchwork ein Kompromiss und alles andere Schönrederei. Vater, Mutter, Kinder sind nun eine Frage der Perspektive und des Engagements. Verhandelbares Glück. Für einen Moment bin ich mutlos. Patchwork, schreibt die Journalistin Melanie Mühl in ihrem Buch *Die Patchworklüge*, bringe die Philosophie unserer Unverbindlichkeitswelt auf den Punkt. Wenn alles ersetzbar sei, sei alles wertlos.[1] Eine Meinung, die ich nicht teile. Und doch begreife ich, dass bei allem, was kommt, wir uns besondere Mühe geben müssen. Wir müssen Verbindlichkeiten und Werte schaffen, die wir in einer klassischen Familie als gegeben hinnehmen können.

Unter den neuen Umständen gehöre ich zu den wenigen Konstanten in Martha und Louises Leben. Ich bin ihre Mutter, ein Teil ihrer Familie. Ich habe die Wohnung, nicht aber die Besetzung gewechselt. Ihre Erleichterung darüber, dass ihr Vater eine Freundin hat, macht sie zugänglich. Sie öffnen sich langsam wieder. Doch nun bin ich es, die verunsichert ist, weil meine Töchter sich mit ihrer Patchworkfamilie verändern. Sie haben jetzt einen Bruder und eine Schwester, Robin und Marie, die sie herumführen wie neue allerbeste Freunde. Mit ihnen teilen sie sich die Betten, manchmal die Badewanne und schlafen selten vor zehn. Das sehe ich auf ihren Whatsapp-Profilen: Zuletzt online um 22.06 Uhr. So spät? An einem Dienstag? Konnten sie nicht einschlafen? Haben sie einen Film angeschaut? Ich erfahre es nicht. Fühle mich abgehängt. Sie nicht mehr verorten zu können, macht mich unruhig. Nicht mehr zu wissen, welche Menschen sie kennenlernen, welche Kleider sie tragen. Ich erkenne sie nicht wieder. Haben Sie meine Tochter Martha gesehen, frage ich eine Hortnerin in der Schule, die mich anstarrt und nach links schaut. Ich folge ihrem Blick, da steht ein Mädchen vor der Tafel. Blonde Haare, stimmt, aber das Kleid? Tailliert, grüner Cord, noch nie gesehen. Sie tragen schulterfreie Oberteile, Stiefel und Pullover, auf denen steht: I love New York. Und wenn ich sie frage, woher sie die Sachen haben, antworten sie knapp: Kleidertausch. Oder: von Barbara. Wer ist Barbara?

Als ich Louise und Martha das erste Mal bei Anna und Jan besuche, führen sie mich herum wie eine Tante. Martha zeigt auf ein Bild in ihrem Zimmer und sagt: Das ist meine Klasse. Sie musste vergessen haben, dass ich das ja weiß. Ihre Decken sind mit geblümter Bettwäsche bezogen, die Anna ihnen genäht hat. Sie sehen schön aus. (Wann hatte ich den Kindern zuletzt etwas genäht?) Ich lege mich auf Marthas Bett, schaue an die Wand und frage mich, welche Schatten sie abends sieht. Welche Geräusche sie in den Schlaf begleiten.

Ich bin Gast meiner eigenen Töchter, als wären sie bereits erwachsen und lebten in einer fremden Stadt. Seltsam verfrühtes Gefühl, vor allem, als es Zeit ist zu gehen. Niemand sagt, ich solle gehen. Plötzlich aber verwandelt sich das Zuhause meiner Kinder in einen fremden Privathaushalt, aus dem ich mich am Ende eines Nachmittages zurückziehen möchte und muss, ich sehe die Müdigkeit auf unseren Gesichtern.

Noch kann ich nicht einschätzen, welche Rolle ich als Teilzeit-Mutter in ihrem Leben einnehmen kann. Wie wir zu dritt sein werden. Ich sehe Martha und Louise in der neuen großen Küche sitzen, im Ofen ein Feuer. Auf dem Tisch ein kräftiges Brot. Schinken vom Metzger, Oliven vom Markt, die vier Kinder trinken selbst gemachten Holunder-sirup aus alten Gläsern. Alle erzählen vom Tag. Lachen, Gerangel. Hey, wartet, kann bitte jeder seinen Teller in den Spüler räumen? Und wer geht mit dem Hund? Während ich mir das alles ausmale, bis es wehtut, fällt mir ein, dass die Kinder in den Vaterwochen nach der Schule nach Hause gehen, während sie bei mir im Hort warten müssen. Ich arbeite bis abends.

Ich habe Angst, dass Martha und Louise eines Montags nicht mehr wechseln wollen. Gesprochen haben sie darüber nicht. Ich habe nicht das Gefühl, sie würden bei mir etwas vermissen, außer ihrem Vater. Oder eigene Zimmer. Ich ahne, dass mir vielleicht etwas fehlt. Ich habe nichts gegen selbst gemachten Holundersirup. Mir gefällt die Vorstellung, zu sechst um einen Tisch zu sitzen. Als Kind habe ich solche Großfamilien besucht und beim Zuhören über den Hunger hinaus gegessen. Ich habe mich an ihnen gewärmt. Ob das meinen Kindern genauso geht?

Meine Töchter lernen Paul kennen

Meine Freundin Hanna gehört jetzt zu unserer Familie, sie sitzt auf dem vierten Stuhl an unserem kleinen Küchen-tisch. Das macht unser neues Leben ein bisschen leichter und lustiger. In Hannas Gegenwart sind wir zuhause. Wir essen zusammen. Manchmal fahren wir aufs Land, wo

Hanna ein Häuschen gemietet hat. Ist Martha unser Zimmer zu eng, legt sie sich in Hannas Bett, das hat Hanna ihr erlaubt. Unsere Türen bleiben offen, wir teilen Kühlschrank und Tratsch und machen uns regelmäßig für die Dinge verantwortlich, die wir verlegt haben. Es ist ein warmer, geschützter Ort, an dem wir unser erstes Jahr ohne Jan verbringen.

Im Sommer 2014 kommt Paul dazu, endlich. Ein aufregender Moment, denn nicht nur Paul stellt sich vor, auch ich werde nun sichtbarer, vollständiger in meiner Person, indem ich ihm zusammen mit meinen Töchtern begegne. Ähnlich nackt müssen sich Künstler oder Musiker fühlen, wenn sie ihre Werke zeigen und ihr Innerstes offenbaren. Meine Kinder sind zutiefst mit mir verbunden. Lehnt Paul sie ab, lehnt er mich ab. Heimlich hoffe ich, dass Martha und Louise Paul erkennen und annehmen.

An einem Abend, an dem Deutschland gegen Frankreich Fußball spielt und wir zwischen Nachbarn auf Bierbänken im Hof sitzen, reicht er den Kindern zum ersten Mal die Hand. Er sagt seinen Namen. Er setzt sich auf eine Bank neben mich. Er schaut zu den Kindern. Die Kinder schauen zu ihm. Niemand schaut mehr Fußball, aber alle kommentieren ihn. Möglichst lustig. Und laut. Langsam rutscht Louise auf meinen Schoß, so kann sie Paul aus der Nähe betrachten. Bald sitze ich zwischen meinen Kindern. Nach der zweiten Halbzeit sitze ich am Rand und beobachte drei alberne Menschen, die erleichtert feststellen, dass keiner von ihnen böse ist.

Bald ist ihnen Paul ein wichtiger Freund, der manchmal mit uns isst, Tage mit uns verbringt und auf dem Chiemsee segelt. Wo ist Paul, fragen mich Martha und Louise, wenn ich den Tisch decke. Sie sind es von Anna und Jan gewohnt, dass alle zusammenkommen zu den Mahlzeiten. Aber Paul lebt nicht bei uns, und Paul arbeitet abends, er steht regelmäßig auf der Bühne. Sein Rhythmus unterscheidet sich von unserem. Paul, verstehen sie, taucht auf wie ein Joker, manchmal ist er morgens plötzlich da, in unserem Zimmer, das wir uns dann zu viert teilen. Paul, der Brettspiele spielt. Kakao trinkt. Mit uns die *Känguru-Chroniken* hört bis wir die Dialoge auswendig können. Er ist vorsichtig mit meinen Töchtern, liebevoll, und auch wenn unsere neue Familienkonstellation weniger gefestigt ist als die ihres Vaters, so können sie sich auf Pauls Wort verlassen. Sie akzeptieren, dass unsere Zeiten zu viert nicht selbstverständlich sein können, dass die Umstände es nicht zulassen.

Als Teilzeit-Mutter beginne ich, von meinen Töchtern zu erzählen

Sechs Monate nach meinem Auszug lässt die Betäubung nach, die mit der Auflösung unseres Familienhaushalts einhergegangen ist. Ich erkenne, wie wichtig mir meine Kinder sind. Als eine, die ihre Familie verlassen hat, wie Jan es formuliert, denke ich darüber nach, was es bedeutet, Mutter zu sein, und wie ich Mutter bleiben kann in der Hälfte der Zeit, die mir nun zur Verfügung steht. Zum ersten Mal in meinem Leben setze ich mich bewusst mit meiner Rolle als Mutter auseinander. Früher schien mir das nicht nötig zu sein. Nähe und Vertrauen waren so selbstverständlich wie mein Platz vorne im Auto. Mutter sein war etwas, das einem zufiel nach den ungemütlichen Stunden der Geburt. Nie habe ich die Menschen verstanden, die Bilder ihrer Kinder in Portemonnaies herumtragen. Sie auf ihren Bürotischen aufstellen, als hätten sie vergessen, wie sie aussehen. Es hat mich schnell gelangweilt zu erfahren, was sie Wunderbares gesagt oder geleistet haben sollen. Mutter sein, hatte ich für mich entschieden, sei eher etwas Privates, und jemand, der das zu seinem großen Thema macht, peinlich. Dass ich, ohne mich schämen zu müssen, stolz sein darf auf meine Töchter, musste ich lernen. Erst als Teilzeit-Mutter beginne ich, über Martha und Louise zu sprechen. Indem ich von ihnen erzähle, vergewissere ich mich meines Mutterseins. Ich reflektiere eine Rolle, die ich erst seit der Trennung freiwillig übernehme, so fühlt es sich an.

Welche Mutter will ich sein? Und wie?

Sicher keine, die zwischen Hamburg und München pendelt, entscheide ich, wechsle meinen Job und beginne als Redakteurin bei der Frauenzeitschrift *myself*. Ich sitze hinter Glastüren, habe eine eigene Durchwahl, zugewandte Kollegen und Konferenzen zu festen Zeiten. Eine helle Welt, in der ich einer Arbeit nachgehe, die mich auffängt und sortiert. Ich verdiene regelmäßig Geld und bin erleichtert, dass ich keine finanziellen Abhängigkeiten eingehen muss. Und in den Wochen, in denen die Kinder bei mir leben, kann ich früher mit der Arbeit beginnen und um sechs gehen. Ein Argument, für das ich bisher nur ein Schulterzucken übrig hatte. Jetzt aber sind mir die Abende mit Martha und Louise wichtig. Wir verbringen zweieinhalb gemeinsame Stunden, bis sie schlafen gehen, als Teilzeit-Mutter habe ich das ausgerechnet. Noch fühlt sich unser Alltag nicht normal an, noch hat sich unsere Beziehung nicht stabilisiert. Will ich Vertrauen aufbauen, brauche ich Zeit. Ich möchte Gleichbleibendes schaffen, das beruhigt. Immer noch vermisse ich die alte Nähe und bin entschlossen, unsere Beziehung zu festigen.

Eine Entscheidung, die alle Teilzeiteltern bewusst oder unbewusst treffen müssen. Ob wir zu Randfiguren werden oder tragende Rollen spielen, liegt an uns. Unsere Chancen sind als Teilzeiteltern gleichberechtigt. Vor allem wenn wir uns für das Wechselmodell entschieden haben, bei dem die Kinder gleich viel Zeit in beiden Haushalten verbringen. Es bleibt trotzdem eine Herausforderung, denn wir müssen uns für jede Form der Präsenz anstrengen. Wir haben weniger Zeit zur Verfügung, weniger Selbstverständlichkeiten, auf die wir zurückgreifen können. Meist hat sich mit der Trennung der Alltagsrhythmus verändert, neue Gewohnheiten müssen sich erst entwickeln, und jeder Kindergeburtstag, den man früher gemeinsam gefeiert hat, wird zur Verhandlungssache.

Mangelware Zeit

Ich verbringe nur mehr halb so viele Stunden mit meinen Kindern wie früher und möchte sie möglichst intensiv nutzen. Verschwende sie nicht, denke ich, und erinnere mich an meine Stiefmutter, die das Verpackungspapier der Butter zusammenfaltete und aufhob, um damit beim nächsten Mal die Kuchenform zu fetten. Als würde das unsere Zeit auseinanderfalten, begleite ich meine Töchter plötzlich zur U-Bahn. Halte die Wochenenden so weit wie möglich arbeitsfrei. Sage Nein, wenn Martha bei einer Freundin übernachten will, die Freundin soll lieber zu uns kommen. Aber auch Eltern, die permanent mit den Kindern in einem Haushalt leben, wünschen sich mehr gemeinsame Zeit. Ein Drittel der Väter. Jede fünfte Mutter. Das ist das Ergebnis einer Studie, die das Statistische Bundesamt 2015 veröffentlicht hat.

Zeit ist das Kostbarste, denke ich, wenn meine Kinder gegangen sind, um den Rest der Woche bei Jan zu leben. Und trotzdem entgleitet sie mir, wenn ich mich nicht anstrenge. Sechs Tage vermisse ich meine Töchter leise, dann ist endlich Montag. Meiner Sehnsucht folgend müsste ich früher das Büro verlassen, mich in die Küche setzen, ihren Geschichten zuhören, Pläne schmieden. Stattdessen arbeite ich wie immer, kaufe auf dem Rückweg ein und schweige, weil ich müde bin. Ich bin ruppig, plötzlich ist mir alles zu viel. Häng bitte deine Jacke auf, weise ich Louise zurecht und bin überfordert mit der lauten Unruhe, nachdem ich eine Woche nur mir selbst hinterhergeräumt habe. Mir fällt auf, dass ich unaufmerksam bin, nicht richtig zuhöre. Meist erledige ich etwas nebenher. Bewundere Gebasteltes einen Moment zu kurz. Einmal erzählt Martha vom Schlittschuhlaufen, Mädchen gegen Jungs. Sie schildert ausführlich, wer mit wem gekämpft hat. Sie erzählt immer weiter, bricht ab: Ich glaube, es interessiert dich nicht, Mama? Eine schlimme Frage, doch, sage ich, schon. Ich fühle mich ertappt.

Mein Verhältnis zu den Kindern ähnelt einer leidenschaftlichen Affäre. Ich vermisse und verlange sie, und halte ich sie in den Armen, habe ich bald genug. Ich schneide dann Zwiebeln. Hänge Wäsche ab oder kontrolliere den Posteingang. Ich weiß, anderen Eltern geht es genauso. Wir teilen schließlich keinen Termin, sondern das Leben. Aber als Teilzeit-Mutter hat meine Unaufmerksamkeit härtere Konsequenzen, fürchte ich. Ob ich mich später um die geteilte Zeit grämen, am Ende meines Lebens bereuen werde, mich nicht intensiver, bedingungsloser den Kindern gewidmet zu haben?

Das Ringen um eine erfüllte, gemeinsame Zeit beschäftigt alle berufstätigen Eltern. Teilzeiteltern aber haben andere Voraussetzungen. Sie leben in getrennten Haushalten und sind nicht immer verfügbar. Die familiäre Nähe in guten wie in schlechten Zeiten ist nicht selbstverständlich. Sie muss gesucht, gestaltet, gepflegt werden. Und das birgt Chancen.

Martha, Louise und ich begegnen uns bewusster. Wir haben eine Freundschaft entwickelt, und mir kommt es so vor, als sei unser Verhältnis intensiver als früher. Sie interessieren mich. Ich will wissen, was sie denken und entscheiden, auch wenn ich manchmal abgelenkt bin. Zu beobachten, wie sie sich in der Welt bewegen, macht mich stolz. Mit dem Abstand, den die Wochenwechsel erzwingen, entdecke ich Wesenszüge, Begabungen, Gewohnheiten, begreife ich ihre Persönlichkeiten noch einmal anders. Tolle Kinder hast du, sagt meine Freundin Hanna. Und zum ersten Mal verstehe ich, was sie meint.

3 Terror ums Glück: Muttersein heute

»Mädel, bitte halt endlich den Mund« – Zwischen den Mütterfronten

Seit der Teilung meiner Familie habe ich das Gefühl, meine Rolle als Mutter sei infrage gestellt. Ich muss herausfinden, wie ich unter den neuen Umständen für meine Kinder sorgen kann. Was macht eine Teilzeit-Mutter aus und wie kann ich als solche meinen Ansprüchen an eine gute Mutter gerecht werden? Zeitgemäße Fragen, begreife ich. Sie beschäftigen viele Mütter und Väter, die sich nach der Trennung um eine gleichberechtigte Elternschaft bemühen – sie scheinen nur kaum darüber zu sprechen.

In meinem Umfeld sind die Reaktionen auf meine Trennung verständnisvoll. Meine Freundin Hanna nimmt mich und meine Töchter auf. Meine Eltern, selbst Getrennte, auch sie verurteilen mich nicht, sondern versuchen, mich zu unterstützen. Wie ich selbst bedauern manche Freunde das Ende meiner Ehe, keiner von ihnen aber unterstellt mir, als Mutter Fehler zu machen. Selbstsüchtig zu handeln. Mich in meinem Kummer gehen zu lassen.

Umso heftiger überraschen mich die Kommentare zu meiner Kolumne »Teilzeit-Mutter«. Die Folgen werden

nicht nur auf der Seite des *SZ-Magazins* veröffentlicht, sondern auch auf Facebook, hier können Leser kommentieren.
Es sind fast nur Frauen. Sie bezeichnen mich als »spaßbe-
freite Heulboje«, als »abschreckendes Negativbeispiel« und
verpassen mir den Hashtag »Jammermama«. Meine Beobachtungen empfinden sie als »unreflektiertes Dauerge-
nöle« und vergleichen sie mit einem »Verkehrsunfall«, bei
dem man nicht hin- aber auch nicht wegschauen könnte.
Eine der Kommentatorinnen möchte mich schütteln, eine
andere findet, ich sei als Frau »verlassenswert«. Wiederholt wird mir ein »selbstmitleidiger Tonfall« vorgeworfen,
ein »Umsichselbstkreisen«, das »Toleranz und »Flexibilität vermissen« lasse. Man lese nur von »Überforderung,
Verzweiflung und Schwermut«, und das sei »sehr, sehr anstrengend«. Offensichtlich, folgert eine Kommentatorin,
hätte ich ein Problem mit mir selbst. Sie raten mir, erwachsen zu werden, meine neue Freizeit zu genießen, fordern
»Lockerheit« und »eine fette Portion Humor«.

Keine andere Kolumne des *SZ-Magazins* wird so harsch
kritisiert, so dass die Chefredakteure nach einigen Monaten entscheiden, mich eine Auswahl der Kommentare vor
der Kamera lesen zu lassen, um die absurde Schärfe der Reaktionen aufzuzeigen. Unter dem Titel »Mädel, bitte halt
endlich den Mund« haben sie das 3:40-minütige Video auf
die Homepage des *SZ-Magazins* gestellt und auf Facebook
hochgeladen, wo es einen Candystorm auslöste: Zum ersten und einzigen Mal sind die Kommentare überwiegend
positiv.

Die erste Folge meiner Kolumne haben achtunddreißig
Menschen auf Facebook kommentiert, später sind es meist

mehr als 20, selten nur zehn. Um das vorwegzunehmen: Diese Kommentare greifen mich nicht an. Ich denke, es ist die übliche Häme von Kommentatoren, die im Netz wegtippen, was ihnen durch den Kopf geht. Einerseits. Andererseits ist der Ton unter Eltern besonders scharf, das weiß ich von meinen Recherchen in Mütterforen. Die Beiträge sind häufig wertend und verurteilend und scheinen stets Größeres zu verhandeln als die Frage nach der besten Windelmarke. Denn wie wir erziehen zeigt, wer wir sind. Wir vermitteln die Werte, die wir leben. Und so stehen hinter manchen Erziehungsvorstellungen ganze Weltanschauungen, wie die Soziologin Christina Mundlos in ihrem Buch *Mütterterror – Angst, Neid und Aggressionen unter Müttern* beschreibt. Mundlos nennt die Auseinandersetzungen »emotionalisierte Kleinkriege«,[2] ausgelöst durch bestimmte Reizthemen wie zum Beispiel Impfen, Stillen, Kinderbetreuung.

Meine Kolumne, begreife ich, ist über Nacht Teil einer solchen Debatte geworden, nämlich der, was eine gute Mutter ausmacht. Ob sich eine Mutter trennen darf oder nicht und welches Familienmodell das Beste ist. Das war nicht meine Intention. Ich will mich nicht rechtfertigen. Keine Ratschläge geben oder mich als Vorbild etablieren. Ich will von meinen Versuchen als neue Teilzeit-Mutter erzählen – aus dem Wunsch heraus, die Veränderungen, die eine Familienauflösung nach sich zieht und die ich als substanziell erlebt habe, zu teilen.

Ich kann nicht verstehen, warum andere Mütter – und es sind vor allem sie, die kommentieren – ihr Lebenskonzept zum einzig guten und gültigen erklären. Ich erinnere Spielplatzgespräche, in denen es um die Frage ging: Krippe – ja oder nein oder um Schlaf- und Essgewohnheiten der Kinder. Ob jemand sein Kind zuckerfrei ernähren möchte oder nicht, hat für mich kaum eine Bedeutung. Sicher kann man sich über die gesunde Ernährung von Kindern austauschen. Sich Tipps geben oder auch über Ansätze diskutieren. Aber streiten? Woher kommt der Überzeugungswahn, dass das, was sich für einen selbst als gut herausgestellt hat, auch für andere gelten sollte?

Viele Kommentatorinnen setzen sich zu meiner Situation ins Verhältnis. Sie schreiben: »Ich lebe auch das Teilzeit-Muttermodell, und meinen Kindern bekommt es gut«, und so weiter. Ich erkenne, dass meine Beobachtungen und Zweifel sie angreifen. Sie fühlen sich dazu aufgerufen, ihr Teilzeit-Mutterdasein zu verteidigen. Es als unkompliziert und fröhlich darzustellen. Dabei geht es mir nicht darum, das Wechselmodell als besonders problematisch zu skizzieren. Indem ich meinen Kummer benenne, vom Abschiedsschmerz berichte, den die Umstellung zur Teilzeit-Mutter begleitet, fühlen sie sich angegriffen. »Die Mutter klammert sich an längst vergangene Rituale«, schreibt eine, »das zieht runter«, eine andere. Sogar eine »Anti-Väter-Haltung« will jemand in meinen Zeilen entdecken. Manchmal denke ich, sie haben die Kolumne nicht gelesen, so abwegig scheinen mir die Kommentare.

»Sobald Mütter über ihre Kinder sprechen (...), ist es vorbei mit einer normalen Unterhaltung«, schreibt die Buchautorin Cornelie Kister in einem Beitrag für das *SZ-Magazin*. »Dann gehen wir instinktiv in Alarmbereitschaft und wetzen die Messer, für einen gezielten Angriff oder die wütende Verteidigung.« [3]

Kister ist Mutter von vier Kindern, auch sie stand fremdelnd zwischen Diskussionen, in denen es darum ging, welches Muttermodell das beste sei. Sie vermutet, dass wir es nicht genau wüssten und deshalb so verbittert stritten. Das mag sein. Doch wissen wir, dass jeder Mensch und also auch jede Mutter einzigartig ist. Trotzdem fühlen wir uns dazu aufgerufen, diese Unterschiedlichkeiten zu bewerten. Mit der Abwertung anderer scheint eine eigene Aufwertung stattzufinden, entnehme ich den Kommentaren. Offensichtlich geht es den Müttern darum, sich der Richtigkeit ihres Modells zu vergewissern, indem sie sich von anderen distanzieren und die eigene Situation als unbedingt glücklich verkaufen. Es wird als unerhört empfunden, dass ich mich überhaupt mit meinem Muttersein und den dazugehörigen Selbstzweifeln auseinandersetze: »Wie kommt sie dazu, ständig die Beziehung zu den Kindern zu hinterfragen?«, schreibt jemand. Und ein anderer konstatiert: »Eine Frau, die sich nur als Mutter sieht.« Dass ich mich in meiner Rolle als Mutter reflektiere, interpretieren einige als »Egospielchen«.

Diskussionen um das richtige Muttergefühl

Wie man als Mutter empfinden darf, darüber wird in Deutschland gestritten, seit die israelische Soziologin Orna Donath in einer im April 2015 veröffentlichten Studie Frauen aus unterschiedlichen sozialen Schichten zu Wort kommen ließ, die ihre Mutterschaft bereuen. In den Interviews sagen sie, dass sie auf ihre Kinder verzichten könnten. Dass sie niemals hätten schwanger werden dürfen. Sie leiden unter dem Kontrollverlust, den die Kinder mit sich bringen. Sie fühlen sich der lebenslangen Verantwortung nicht gewachsen und betonen, dass sie dennoch ihre Kinder lieben. Bemerkenswert ist, dass vor allem in Deutschland – und nicht in Israel oder in anderen Ländern – dieser Studie große Aufmerksamkeit geschenkt wurde, nachdem die Journalistin Esther Göbel in der *Süddeutschen Zeitung* über sie berichtet hatte. Innerhalb kurzer Zeit wurde ihr Beitrag hunderttausendfach geklickt. Andere Medien griffen das Thema auf, und in den sozialen Netzwerken wird es unter dem Hashtag »regrettingmotherhood« diskutiert.

Seit Dezember 2015 sind auch vier Bücher zur Studie erschienen. Nach den unerwartet heftigen Reaktionen hat Orna Donath aufgeschrieben, wie es zu ihrer Studie kam, welche Gefühle und Konflikte die von ihr interviewten Frauen quälen. In der Einleitung ihres Buches *Regretting Motherhood. Wenn Mütter bereuen* schreibt sie: »Die lebhafte Debatte in Deutschland über das Thema Reue bezog sich hauptsächlich auf das Konzept ›perfekte Mutter‹ versus ›Rabenmutter‹ und zeigt, dass wir es hier neben der Reue selbst mit einer großen Bandbreite von Emotionen zu tun haben, die sehnlich darauf warten, geäußert zu werden.«[4]

Mit diesen Emotionen in Form von »Mütterterror« hatte sich die Soziologin Christina Mundlos bereits in ihrem gleichnamigen Buch auseinandergesetzt, nun hat sie knapp zwei Dutzend Mütter aus dem deutschsprachigen Raum gesprochen, die ähnlich wie Ornaths Probandinnen ihre Mutterschaft bereuen. In ihrer aktuellen Publikation *Wenn Muttersein nicht glücklich macht. Das Phänomen Regret-*

ting Motherhood unterscheidet die Autorin zwei Gruppen von Müttern: Die einen bleiben ihrer Rolle grundsätzlich fremd, die anderen sind unzufrieden mit den Umständen, unter denen sie Mutter sind.[5] Beide Gruppen, sagt Christina Mundlos in einem Interview mit der *Süddeutschen Zeitung* am 15. 11. 2015, litten unter dem »Muttermythos«, darunter, dass das Kinderkriegen immer noch ein Muss sei und Frauen glücklich zu machen habe.

Eine trügerische Erwartung, schreibt Sarah Fischer. Die Autorin erzählt in ihrem Buch *Die Mutterglück-Lüge. Regretting Motherhood – Warum ich lieber Vater geworden wäre* von ihren persönlichen Schwierigkeiten, wieder in den Beruf einzusteigen, von der Langeweile auf Spielplätzen.[6] Die Journalistin Esther Göbel hingegen versteht wie die Soziologin Orna Donath etwas anderes unter dem Schlagwort »Regretting Motherhood«, nämlich nicht Ambivalenz, sondern anhaltende Reue.[7] Ihr geht es nicht um Momente der Überforderung, die jede Mutter empfindet. Göbel meint das Tabu der Reue: *Die falsche Wahl. Wenn Frauen ihre Entscheidung für Kinder bereuen* heißt ihr Buch, in dem sie einem »persönlichen Gefühl in einem gesellschaftlichen Kontext« nachspürt und sich auch mit dem deutschen Müttermythos auseinandersetzt.[8]

Während die Autorinnen in dem Phänomen »Regretting Motherhood« die Chance einer neuen Gesprächskultur über Mutterschaft in Deutschland erkennen, bleibt das Medienecho gespalten. Die Empörung ist groß. Hättet ihr euch früher überlegen müssen, heißt es, stellt euch nicht so an. Kinderkriegen gehe nun mal nicht rückwärts. Das Hadern mit der Mutterrolle wird von Kritikern als Luxusproblem bezeichnet, als ginge es schlicht darum, erwachsen zu werden und sich mit seinem Leben abzufinden.

In der Wochenzeitung *Die Zeit* fragt Susanne Mayer im März 2016 unter dem Titel »Geht's noch?«: »Wurde nicht vor hundert Jahren das Wahlrecht für Frauen erkämpft, damit sie politisch handeln, statt zu jammern?« Die Debatte bediene leider ein altes Frauenbild, leicht erregbar, hysterisch geradezu.[9] Edo Reents, verantwortlicher Redakteur für das Feuilleton der *Frankfurter Allgemeinen Zeitung*, witzelt, es sei mittlerweile wohl fast Pflicht, seine Mutterschaft zu bereuen. In seinem Beitrag »Lass es wegmachen, oder was?«, ebenfalls vom März 2016, schreibt er, die Äußerungen der von Orna Donath befragten Mütter seien rücksichtslos. Es sei nicht erstrebenswert, dass man so etwas in der Öffentlichkeit sagen könne, selbst anonym nicht. Ob es eigentlich noch Leute gäbe, die sich zusammenreißen? Er zitiert Adorno, seine Feststellung, bei manchen Leuten sei es eine Unverschämtheit, wenn sie »ich« sagten, und jetzt finde man nichts dabei, dass Mütter nur noch »ich, ich, ich« sagten.[10]

Reaktionäre Beiträge wie dieser machen deutlich, dass nicht nur Frauen an einem seltsam romantisierten Mutterbild festhalten, sondern auch Männer. An dem Bild der guten deutschen Mutter malen beide Geschlechter. »In unserer Gesellschaft ist es normalerweise völlig gewöhnlich, das man hin und wieder etwas bereut«, sagte die Soziologin Christina Mundlos in einem Interview mit *Stern TV* am 17.02.2016. »Nur im Zusammenhang, dass Mütter bereuen, Kinder bekommen zu haben, wird plötzlich die Frage gestellt, ob sie das dürfen.«[11]

Warum wünschen sich die Kritiker, Frauen mögen hinter ihrer Mutterrolle verschwinden? Warum scheint es einen öffentlichen Konsens darüber zu geben, was Mütter empfinden dürfen oder sollten? Und warum wird das Reflektieren der Frauen über ihre Rolle als Mutter als unangemessen, ja bedrohlich empfunden?

Die Kritik an den bereuenden Müttern ist vor allem eine mediale. Auf Spielplätzen werden andere Themen verhandelt, das Phänomen »Regretting Motherhood« ist kein alltägliches und in seiner Beschaffenheit eher abstrakt. Was wäre wenn, fragen sich die Mütter, und das Recht dazu sollten sie unbedingt haben. Doch selbst aufgeklärte, kluge Freunde murmeln, es sei doch absurd, seine Mutterschaft zu bereuen, die armen Kinder, warum die Mütter nicht mal an sie dächten. Das Geborenhaben zu bereuen ist in ihren Augen so unangemessen wie das Unterlassen Erster Hilfe. Mich erstaunt diese Haltung. Denn auch wenn ich meine Mutterschaft nicht bereue, kann ich, können sicher viele, nachvollziehen, was diese Frauen empfinden. Ob die Empörten Sorge tragen, nachdenkliche und kritische Mütter könnten ihre Fürsorgepflicht vernachlässigen und so das Fortbestehen der Menschheit gefährden?

Das Tabu der unglücklichen Mutter

Ich bereue meine Mutterschaft nicht, habe aber wie die deswegen kritisierten Mütter Probleme, mich in meiner Rolle als Teilzeit-Mutter zurechtzufinden. Dafür werde ich wie sie gescholten und als Rabenmutter verurteilt. Es war mir zuvor nicht bewusst, dass zweifelnde oder bereuende Mütter provozieren. Dass wir in Glückquarantäne stehen bis die Kinder erwachsen sind und darüber hinaus. Dass Mütter als egoistisch gelten, wenn sie ihre Rolle reflektieren und damit individualisieren. Eigentlich lernen wir, unsere Fähigkeiten und Bedürfnisse auszudifferenzieren. Laufend optimieren wir unser Ich, erkennen und benennen klar unsere Gedanken und Gefühle, unsere Begabungen und Schwächen. Mütter scheinen davon ausgenommen, ihr Denken scheint vorgezeichnet: Eine Frau, die gebiert, gibt sich dankbar und glücklich dem Kind hin. Alles andere gilt als unnatürlich. Im Rahmen des Alltäglichen darf sie sich ein wenig beklagen, wir wissen ja alle, Kindern fordern heraus. Auf keinen Fall aber, das zeigen die aktuellen Diskussionen, darf sie grundsätzlich mit ihrer Rolle hadern.

In den Kommentaren unter meiner Kolumne wird deutlich, dass mir Zweifel als Frust ausgelegt werden, Trauer und Abschiedsschmerz als selbstbemitleidendes Jammern. Dass ich die Beziehung zu meinen Töchtern hinterfrage, die sich mit meinem Auszug aus der gemeinsamen Wohnung verändert, wird als selbstreferenziell empfunden.

Seltsamer Vorwurf – auf wen sollte ich mich beziehen, wenn nicht auf mich als Teilzeit-Mutter? Doch es gibt auch positive Reaktionen, meist in Form von Leserbriefen, meist sind auch diese Absender weiblich. Eine E-Mail kommt vom Institut für Gender Studies einer Schweizer Universität. Eine Mitarbeiterin nimmt Bezug auf die Facebook-Kommentare und schreibt: »Diese Negativbombardements sagen so viel über die Idee der Mutterschaft aus, sie wären hervorragendes Material für ein Forschungsprojekt.«

Ich begreife, dass ich in etwas hineingeraten bin. Ohne es zu ahnen, habe ich über ein Tabu geschrieben. Ich habe meine Familie aufgelöst und bin freiwillig eine Teilzeit-Mutter, die ihre Kinder nur mehr die Hälfte der Zeit sieht. Schlimmer noch: Ich erzähle, was mich diese Entscheidung kostet. Und wie sie mich bereichert. Paradoxerweise macht mich das in den Augen der Kommentatorinnen zu einer schlechten Mutter. Indem ich mir öffentlich Gedanken mache, wie ich die Nähe zu meinen Töchtern halten kann, vor welche Herausforderungen uns die Patchworksituation stellt, werde ich zur Rabenmutter erklärt.

Eigentlich teile ich meine Erfahrungen, um andere Teilzeiteltern zu trösten und den Problemen, vor denen wir stehen, eine Plattform zu geben. Noch gibt es keine statistischen Erhebungen dazu, wie viele Eltern und Kinder das Wechselmodell leben. Im Mikrozensus wird nicht abgefragt, ob die Kinder fortan bei beiden Elternteilen wohnen. Meiner Beobachtung nach steigt die Zahl der pendelnden Kinder. Nach der Auflösung einer modernen, gleichberechtigten Beziehung scheint eine Erziehungspartnerschaft naheliegend. Bisher wurde diesem Familienmodell jedoch kaum Beachtung geschenkt, und die Aufregung der Leserinnen zeigt: Eine gute Mutter sucht nicht, sie hat immer schon gefunden und bleibt fortan durch die unbedingte Liebe zu ihrem Kind gegen Zweifel oder Reue geschützt.

Da ich diese abwertenden Reaktionen nicht aus meinem unmittelbaren Umfeld kenne, kann ich sie zunächst kaum einordnen. Schreiben mir Trolle? Frustrierte? Was genau verurteilen die Kommentatorinnen, was ist in ihren Augen eine ideale Mutter, die es laut der Philosophin Élisabeth

Badinter gar nicht gibt? In einem Video zum Thema »Mütter« für *GEO Wissen* (Ausgabe 52/2013) sagt Badinter, eine gute Mutter sei eine Frau, die das Leben ihrer Tochter aufmerksam begleite und ihr vermittle, dass das Leben wunderbar sei, die Welt ihr offenstehe.[12]

Die Kinder aufmerksam begleiten – ist es nicht das, was ich versuche, worüber ich in meinen Teilzeit-Mutter-Folgen schreibe? Offensichtlich unterscheidet sich meine Wahrnehmung von der öffentlichen. Warum wird mein Ringen darum, eine gute Mutter zu sein, nicht als solches erkannt? Ich will verstehen, in welche Debatte ich hineingeraten bin, welches Tabu ich als Teilzeit-Mutter verletzt habe. Es muss, begreife ich, mit einem alten Mutterideal zu tun haben, das unsere Gesellschaft bis heute prägt.

Mythos Mutterliebe

Die französische Philosophin Élisabeth Badinter hat bereits Ende der 1970er-Jahre darüber geschrieben, dass Mutterliebe kein selbstverständliches Gefühl ist, sondern eines, das den Umständen entsprechend ausgeprägt ist. Es ist wandlungsfähig, wie Badinter schreibt, abhängig von der Bildung, den Ambitionen und Frustrationen einer Frau. In ihrer Publikation *Die Mutterliebe. Geschichte eines Gefühls vom 17. Jahrhundert bis heute*, die heftige Reaktionen hervorrief, zeigt sie auf, dass der Mutterliebe erst Ende des 18. Jahrhunderts eine Bedeutung beigemessen wird, sie sich überhaupt erst als neuer Begriff etabliert.[13] Darauf Bezug nehmend, schreibt die Soziologin Gaby Gschwend: »Vorstellungen, dass die Mutterschaft (…) die eigentliche wahre Erfüllung eines Frauenlebens sei und das Kind nur in mütterlicher Obhut gedeihen könne, sind kulturgeschichtlich gesehen vielleicht gerade einmal zehn Minuten alt und ein Produkt des (bürgerlichen) 19. Jahrhunderts.«[14] (Aus *Mütter ohne Liebe*, 2009.) Vorher werden weder Kinder noch Kindheit geschützt. Die Frauen aller Schichten bekommen sechs oder acht Kinder, und die meisten von ihnen werden – zumindest in den Städten – Ammen oder Pflegefamilien überlassen. Das Verhältnis zwischen Mutter und Kind ist kein sentimentales, und zwar nicht, wie Élisabeth Badinter in *Die Mutterliebe* schreibt, weil sie so häufig wegsterben, sondern weil die Mütter sich nicht für sie interessieren.

Mit der Industrialisierung verändern sich die Familienstrukturen. In der neuen bürgerlichen Mittelschicht bleiben Mütter und Kinder zuhause, ihre biologische Mutterschaft wird mit der sozialen verknüpft. Das heißt, Mütter sollen nicht mehr nur Kinder gebären, sondern auch aufziehen. Die Mutter wird zur idealisierten Figur, die Geborgenheit vermittelt. Mutterliebe bedeutet seitdem, selbstlos zu handeln, sich aufzuopfern, die Erziehung des Kindes als Pflicht anzuerkennen. Eine Auffassung, die sich fest in unserer Gesellschaft manifestiert hat, die wir bis heute mehr oder weniger offensichtlich leben. Sie ist verantwortlich für das latent schlechte Gewissen viel arbeitender Mütter, der Teilzeit- und Wochenendmütter.

Denn spätestens seit der Psychologisierung der Mutter-Kind-Beziehung Mitte des 20. Jahrhunderts tragen Mütter auch die Verantwortung für die seelische Gesundheit der Kinder. Sind sie verhaltensauffällig, wird die Schuld meist zuerst bei der Mutter gesucht: Arbeitet sie zu viel? Ist sie zu sehr mit sich selbst beschäftigt? Hat sie psychische Probleme, die sie daran hindern, sich angemessen zu kümmern? Die Psychologie mag längst erkannt haben, dass die Persönlichkeitsentwicklung des Kindes durch mehr Faktoren beeinflusst wird als durch die Beziehung zur Mutter; trotzdem ist das körperliche und seelische Wohl des Kindes bis heute vor allem Muttersache.

Dabei leben wir doch eigentlich in einer postmodernen, pluralistischen Gesellschaft. Wir können heiraten oder auch nicht, die Kinder allein erziehen oder zusammen mit dem Partner in hetero- oder homosexuellen Beziehungen. Wir können in Patchworkfamilien leben. Uns künstlich befruchten lassen. Es steht uns frei zu arbeiten, Kind und Karriere zu vereinbaren, zumindest theoretisch. An unserer Seite immer mehr sogenannte neue Väter, die sich aktiv an der Gestaltung des Familienlebens beteiligen, indem sie Elternzeit nehmen, weniger Wochenstunden arbeiten und Aufgaben übernehmen, die früher selbstverständlich der Frau und Mutter zufielen. Gleichberechtigung? Normal, so gut es eben geht. Man könnte meinen, wir haben die Freiheit, uns das passende Lebensmodell auszusuchen und uns darin einzurichten. Die Mutter zu sein, die unserem Charakter, unseren Möglichkeiten entspricht.

Tatsächlich aber lastet ein hoher Druck auf den Rollenbildern. Die Ansprüche an eine gute Mutter haben sich vervielfältigt. Sie soll ihrem Beruf nachgehen und gleichzeitig nachmittags mit den Kindern Hausaufgaben machen. Sie soll präsent und unabhängig sein. Dieser Widerspruch macht uns zu Über- oder Rabenmüttern, zu Latte-macchiato-Müttern und Frauen, die »bitte einfach nur Mütter« sein wollen und das Gefühl haben, dass sie das nicht mehr dürfen. Jede dieser Mütter definiert ihr Muttersein in Bezug auf einen zweihundert Jahre alten Mythos. Wie wir sind, zeigt vor allem, wie wir nicht mehr oder wieder sind.

Kampf der Vollzeitmütter

Wieder sein dürfen wie damals wollen Denise Wilk und Alina Bronsky. Sie haben ein Buch geschrieben, *Die Abschaffung der Mutter: Kontrolliert, manipuliert und abkassiert – warum es so nicht weitergehen darf*,[15] in dem sie sich für die Mütter einsetzen, die sich gerne und selbstbestimmt um ihre Kinder kümmern. Die sich eingestehen, dass Kind und Karriere nicht wirklich zu vereinbaren sind und diesem Druck nicht länger nachgeben wollen. In einem Interview mit dem Kulturradiosender SWR2 am 08.03.2016 mahnt die Schriftstellerin Alina Bronsky: »Wir haben schon seit einigen Jahren beobachtet, dass sich bestimmte Entwicklungen zugespitzt haben (…). Mütter gelten heutzutage als unwichtig, als jemand, der leicht zu ersetzen ist und grundsätzlich erst mal inkompetent ist.«[16]

Das ist eine Beobachtung, die ich nicht teile. Die Autorin fürchtet offenbar um die Einzigartigkeit und Unentbehrlichkeit der Mutter. Sie fordert das Recht, eine Mütterlichkeit leben zu dürfen, die dem von Gaby Gschwend zitierten »Geschlechtscharakter« entspricht: Die Frau als weibliches Wesen, der häuslichen Welt zugeordnet, soll wieder mehr Anerkennung erfahren.

Heißt das, bevor wir an der Vereinbarkeit von Beruf und Familie scheitern, pfeifen wir auf die Gleichberechtigung, um die wir uns seit Generationen bemüht haben, und orientieren uns lieber an einem Lebensmodell aus dem 19. Jahrhundert? Eine folkloristische Idee. Die Forderungen zeigen, wie hilflos wir nach praktikablen Lösungen suchen, unter den aktuellen gesellschaftlichen Bedingungen eine gute Mutter zu sein. Wir tänzeln um ein Ideal herum, nämlich dem der opferbereiten, fürsorglichen Mutter, das wir annehmen oder ablehnen, das aber immer noch gilt und jeden von uns zwingt, sich zu rechtfertigen. Vor uns selbst. Vor anderen.

Gleichzeitig wird der Fokus auf die Kinder gefeiert. Einmal auf der Welt, werden sie behandelt wie kleine Erwachsene. Sie sind etwas Besonderes und als solches zeitintensiv und nervenaufreibend. Deshalb, sagt meine Freundin, würde sie kein zweites Kind wollen. Ihre Beziehung könnte dieser Belastung nicht standhalten. Andere Freundinnen bekommen lieber gar keine Kinder oder entscheiden sich spät für eines, denn so vieles muss stimmen, bevor sich das Projekt Kind realisieren lässt: die Beziehung, die Größe der Wohnung, die Position im Beruf.

Ich bedaure das. Ich habe die Erfahrung gemacht, dass es meinen Töchtern und mir gutgetan hat, dass wir das Leben nicht füreinander angehalten haben. Nicht anhalten konnten, schließlich haben Jan und ich studiert. Ein Glück, denke ich heute. Die Entscheidung »Kind oder Karriere« habe ich nie treffen müssen. Wollten wir überleben, mussten wir unsere Abschlüsse machen, die Kinder fremdbetreuen lassen in Kindergarten und Krippe. Der Druck, möglichst zügig das Studium zu beenden, war größer als der, mich als fürsorgliche Mutter fortwährend meinen Töchtern zu widmen. Dafür habe ich mich nicht rechtfertigen müssen. Bis zu meiner Trennung von Jan glaubte ich, dass Mutterschaft eine private Angelegenheit ist, die jede Frau, jedes Elternpaar für sich regelt.

4 Fürsorge ist unteilbar

Geht's der Mutter gut, geht's dem Kind gut

Ich bin mehrere Mütter gewesen. Zuerst die Dreijahresmutter: Abgesehen von einzelnen Seminaren an der Uni habe ich vor allem Martha umsorgt und Lieder summend in die Welt eingeführt, bis sie in den Kindergarten kam. Abends habe ich zusammen mit anderen Müttern für den Adventsbasar Püppchen gefilzt und roten Früchtetee getrunken. In dieser Zeit las ich in der *Süddeutschen Zeitung* das Interview mit einem Soziologen, der behauptete, die Mutter-Kind-Bindung werde nicht geschwächt, wenn die Mutter vor Ablauf der Dreijahresfrist sich anderen Dingen widme. Ich schrieb einen empörten Leserbrief, der abgedruckt wurde. Ein besoffen gestochenes Tattoo wäre mir weniger peinlich.

Nach der Geburt meines zweiten Kindes mochte ich nicht mehr so oft summen, ich wollte studieren und fand Fremdbetreuung ganz okay. Geht's der Mutter gut, geht es dem Kind gut, habe ich unseren Kinderarzt zitiert, bevor ich ausgegangen bin. Ich wusste nun, wie das geht, Mutter sein. Ich wusste auch, dass ich mich bilden musste, um etwas zu sein – im buchstäblichen Sinne. Muttersein reichte nicht, das hatte ich auch nicht erwartet. Ich wollte eine Aufgabe finden, mit der ich mich identifizieren konnte. Einen Beruf. Also habe ich Louise in einer Krippe betreuen lassen, sobald sie ein Jahr alt war, und das hat sich richtig angefühlt.

Heute weiß ich, ich muss Vollzeit arbeiten, um eine ausgeglichene Mutter zu sein. Hätte mir das jemand erzählt, während ich Frau Holle filzte, ich wäre sicher ärgerlich geworden. Ich musste erst lernen, meine Kinder abzugeben. Mich von der Vorstellung lösen, dass eine 24-Stunden-Betreuung durch mich die beste Lösung wäre. Da kein Arbeitgeber auf mich wartete, konnte ich mir diese Zeit nehmen.

Manchmal hatte ich ein schlechtes Gewissen, wenn Louise auf dem Nachhauseweg auf dem Fahrradsitz eingeschlafen ist trotz des lauten Verkehrs. Ihr hängender Kopf unter dem Fahrradhelm, ich sah ihre Erschöpfung nach einem langen Krippentag. Wir waren keine schlechten, wir waren atemlose Eltern. Ich habe uns nicht infrage gestellt. Das Unglück, das ich als Vollzeitmutter empfunden hätte, wäre größer gewesen als das der vorübergehenden Erschöpfung eines Kleinkindes, wusste ich und hatte nicht das Gefühl, egoistisch zu handeln. Oder wider eine mütterliche Natur.

Als Teilzeit-Mutter bin ich anders, nur wie?

Hätte mich jemand vor meiner Trennung von Jan gefragt, welche Mutter ich sei, eine fürsorgliche, vorsichtige, entspannte oder wilde – ich hätte es nicht gewusst. Ich habe nach meinem Bauchgefühl gehandelt. Aufgaben, die mir schwerfielen, hat Jan übernommen. Und umgekehrt. Es war nicht nötig, meine oder Jans Rolle geschlechtsbezogen zu definieren, innerhalb der Familie schienen sie sich zu ergeben. Mit dem Auszug aus der gemeinsamen Wohnung verliere ich meinen Platz innerhalb der Familie. Natürlich bleibe ich die Mutter von Martha und Louise. Meine Rolle aber kann nicht mehr die alte sein, die Umstände haben sich verändert. Partnerin und Mutter sein, das habe ich elf Jahre kaum getrennt, schließlich waren wir eine vergleichsweise kurze Zeit Partner und bald schon Eltern. Nun ist meine Mutterrolle eine solistische, und ich habe das Gefühl, als stünde ich plötzlich im Rampenlicht auf fremder Bühne und wüsste meinen Text nicht. Zum ersten Mal denke ich darüber nach, was für eine Mutter ich war. Und was eine gute Mutter ausmacht.

Und so erinnere ich mich an den Kanon mütterlicher Eigenschaften, mit dem ich aufgewachsen bin. Er scheint Teil meiner Erziehung gewesen zu sein, mühelos abrufbar: Weiß ja jeder, was eine gute Mutter ist. Plötzlich gilt der viel beschworene Mutterinstinkt auch für mich. Neben den Schuldgefühlen, welche die Trennung begleiten, spüre ich einen Mangel: Ich bin nicht mehr präsent. Nachdem ich meine Töchter jahrelang zu jeder Zeit in den Arm nehmen konnte, sehe ich sie nun jede zweite Woche. Ich treffe sie nach Vereinbarung, unser gemeinsames Leben folgt der Sprachregelung eines Termins. Wir sind einander nicht mehr bedingungslos verfügbar, und ich verstehe, die Verfügbarkeit, die meine Unentbehrlichkeit impliziert, ist einer der Ansprüche, die ich als Mutter an mich hatte und noch habe. Auch wenn ich während der letzten gemeinsamen Familienjahre mein Studium und eine Redakteursausbildung abgeschlossen habe, meist erst abends nach Hause gekommen bin, so wusste ich, welche Pullover meine Kinder trugen, ob sie Spielkameraden zu Besuch hatten, was sie vom Werkunterricht mit nach Hause brachten. Meine Anwesenheit war eine grundsätzliche, die sowohl Martha und Louise als auch mir Sicherheit vermittelte.

Muss eine gute Mutter täglich präsent ein, so kann ich keine sein. Schon der Name Teilzeit-Mutter erklärt mich zur Mangelerscheinung. Hatte ich bereits als arbeitende Mutter den Drang vermisst, mich zeitintensiver um meine Töchter kümmern zu wollen, frage ich mich nach meinem Auszug, ob meine Stärken nicht ganz woanders liegen. Eine halbe Mutter kann ihren Kindern nicht gerecht werden, denke ich. Meine Abwesenheit scheint mir als unüberwindbares Hindernis allen Bemühungen, meine Beziehung zu den Kindern zu stabilisieren, im Wege zu stehen. Nur mehr sporadisch zu erfahren, was sie in den vergangenen Tagen gemacht, welche Menschen und Orte sie kennengelernt haben, empfinde ich als ungeheuerlich.

Mein schlechtes Gewissen begleitet mich wie ein Störgeräusch

Unserem konservativen Mutterbild folgend, bin auch ich davon ausgegangen, dass die leibliche Mutter am besten für das Wohl ihres Kindes sorgen kann. Davon erzählen die Volksmärchen, die mir als Kind vorgelesen wurden, davon geht die Bindungstheorie und auch die Waldorfpädagogik aus, mit der ich aufgewachsen bin: Als Mutter bin ich dem Kind unersetzlich, Fremdbetreuung wirkt sich negativ aus. Immer wieder betonen Wissenschaftler die Bedeutung der ersten Lebensjahre für die Entwicklung von Kindern. Die 81-jährige Kinder- und Jugendpsychotherapeutin Christa Meves, sagte 2007 in einem Interview mit der *FAZ*, Frauen seien aufmerksamer gegenüber den Bedürfnissen des Kindes: »Hellhörigkeit, Empathie und Empfindsamkeit sind bei ihnen stärker ausgeprägt als bei Männern.«[17] Ist die Mutter (oder sind die Eltern) abwesend, leidet die seelische Entwicklung des Kindes. Das Kind, so die Theorie der Bindungsforschung, bleibt auch als Erwachsener infantil und wird seine frühkindliche Bedürftigkeit nie ganz ablegen.

Obwohl ich die meiste Zeit meiner Kindheit ohne leibliche Mutter aufgewachsen bin, habe ich die bindungstheoretischen Ansätze und die daraus abgeleiteten Ansprüche internalisiert. Mein Mutterleitbild entsprach ziemlich genau dem, was wir inzwischen als deutschen Muttermythos hinterfragen. Eigentlich wäre es besser, mittags zu Hause zu sein, eigentlich sollte ich sie beim Spielen begleiten, mich für ihr Gebasteltes interessieren, mehr Freundschaften mit anderen Müttern knüpfen.

Seit ich Mutter bin, lebe ich unter Vorbehalt. Ich weiß, eigentlich könnte ich es besser machen. Es ist ein Störgeräusch, an das ich mich gewöhnt habe. Besonders laut ist das Geräusch auf Schulveranstaltungen wie Maifesten oder Adventsbasaren. Ich habe dann das Gefühl, ungenügend vorbereitet zu sein. Andere Mütter haben sicher gebacken und gebastelt, während ich nur beim Auf- oder Abbau helfe und mich anschließend schnell verabschiede. Ich beobachte, wie sie sich selbstverständlich durch das Schulgebäude bewegen, und hoffe, dass sie meinen vermeintlichen Mangel an Fürsorge und Enthusiasmus nicht entdecken.

Die Präsenzpflicht der Mutter als gesellschaftliche Norm

Das Geräusch des schlechten Gewissens ist mal lauter, mal leiser. Als Teilzeit-Mutter höre ich es zum ersten Mal bewusst. Nun kann ich meinen unbewussten Ansprüchen, selbst wenn ich es wollte, nicht mehr gerecht werden. Und obwohl ich verstanden habe, dass dieses veraltete Mutterleitbild für mich nicht gelten kann, lasse ich das Geräusch zu. In diesem Widerspruch leben auch klassische Familien. In einer Studie zu »Familienleitbildern in Deutschland« des Bundesinstituts für Bevölkerungsforschung (BiB)[18] gaben 80 Prozent der Befragten an, dass Mütter nachmittags zu Hause sein sollten, um den Kindern bei den Hausaufgaben helfen zu können. Und gleichzeitig waren 80 Prozent der 5000 Männer und Frauen zwischen 20 und 39 Jahren der Meinung, Mütter sollten arbeiten. Sich von ihrem Partner unabhängig machen. Diese Ansprüche kollidieren. Sabine Diabaté vom BiB hat diese Studie geleitet, sie sagte in einem Interview mit Deutschlandradio Kultur 2015, Mütter verspürten einen hohen gesellschaftlichen Druck, diesem Leitbild zu entsprechen.[19]

Diesen Druck nehme ich erst als Teilzeit-Mutter wahr. Indem ich meine Familie verlasse, verletze ich meine Fürsorgepflichten. Ich ignoriere, dass mir als Mutter der bedeutendere Part unter uns Eltern zufällt, müsste ich den Kindern doch näherstehen als ihr Vater. Bisher haben Jan und ich keinen Unterschied zwischen mütterlicher und väterlicher Hingabe gemacht, ich fand, das sei keine Frage des Geschlechts, sondern des Charakters. Die Soziologin Gaby Gschwend gibt mir recht, indem sie in ihrem Buch *Mütter ohne Liebe* schreibt: »Um auf mütterliche Weise zu lieben, um pfleglich, sorgsam, behütend und förderlich zu sein, braucht man nicht die biologische Mutter und noch nicht einmal weiblich zu sein.«[20]

Die vermeintliche Hauptrolle der Mutter

Jan ist ein familienorientierter Mensch. Ein Kümmerer, der sich aufopferungsbereit dem zuwendet, der seine Aufmerksamkeit oder Hilfe sucht. Ihm macht es nichts aus, selten Zeit für sich zu haben. Mit den Kindern Hausaufgaben zu machen, sie zu beschäftigen oder mit ihnen zu spielen. Jan hat die Wochenenden und Ferien geschätzt, das Leben im behäbigen Rhythmus eines Rudels. Mir gefiel es, solange Martha und Louise klein waren und mich körperlich brauchten. Bald aber zerrte das Familienleben an mir. Es war mir zu eng, machte mich unruhig. Kochen, waschen, Spielplatztage – ich hatte das Gefühl, mich im Kreis zu drehen. Dass ich mich weniger darauf einlassen konnte als Jan, haben weder er noch ich als Schwäche betrachtet oder als Mangel an Mütterlichkeit.

Solange wir als Elternteam zusammenlebten, waren wir

in der Aufteilung unserer Aufgaben autonom, keiner von uns hatte das Gefühl, sich rechtfertigen zu müssen. Das ändert sich mit der Trennung. In seiner Verzweiflung wirft Jan mir vor, nicht ihn, sondern die Familie zu verlassen. Er weigert sich, zwischen meiner Rolle als Frau und Mutter zu unterscheiden, und sieht in dem Scheitern der Ehe mein Scheitern als Mutter. Mit seinem Vorwurf beruft er sich unbewusst auf eine gesellschaftliche Norm, die bis hierhin keine Bedeutung für uns hatte: Die Erfüllung meiner Mutterpflichten müsste ich allen Bedürfnissen unterordnen. In meiner empfundenen Schuld fällt es mir schwer, diesen Vorwurf abzuwehren. Ich denke, ich handle egoistisch, indem ich mein Wohl über das der Kinder stelle. Ihr Zuhause auflöse und nicht um diese Ehe kämpfe. Darf ich das überhaupt, meine Familie verlassen, frage ich mich immer wieder.

Mit meinem Auszug scheine ich die Grenze der gesellschaftlich akzeptierten Selbstverwirklichung überschritten zu haben. Ich bin schließlich die Mutter und als solche unentbehrlich, die wichtigste und unzweifelhafteste Bezugsperson. Diese Auffassung spiegelt sich im Bürgerlichen Gesetzbuch wider, wie die Wissenschaftlerin Sabine Diabaté schreibt: »Mutter« sei rechtlich gesehen ein biologischer Begriff, denn das Kind könne durch die Geburt eindeutig der Mutter zugeordnet werden. »Der Begriff ›Vater‹ hingegen ist nicht nur biologisch, er ist aus dem juristischen Verständnis in Deutschland ein sozial konstruierter: Der Vater eines Kindes ist nach Paragraf 1592 Nr. 1 BGB der Ehemann der Mutter, unabhängig davon, ob er auch der biologische Vater ist.« [21]

Jan musste die Vaterschaft von Martha und Louise anerkennen, da wir zum Zeitpunkt der Geburten nicht verheira-
tet waren. Erst dann konnte er das Sorgerecht beantragen
und brauchte dazu meine Einwilligung. Diese Sorgerechts-
regelung wurde 2013 geändert, das Recht der Väter wurde
gestärkt: Als Unverheiratete erhält zwar immer noch die
Mutter das alleinige Sorgerecht, der Vater kann allerdings
eine Sorgeerklärung abgeben und erhält auch gegen den
Willen der Mutter das Sorgerecht – wenn dies dem Kindeswohl entspricht.

In unserem Familienalltag haben diese Gesetze keine
Rolle gespielt. Mit meinem Auszug aber werde ich an die
vermeintliche Hauptrolle als Mutter erinnert. Sie ist nicht
stimmig, erkenne ich nach einigen Wochen des Zweifelns.
Wir entsprechen nicht dem traditionellen Familienmus-
ter, an dem wir uns aus Mangel an alternativen Vorbildern
immer wieder orientieren.

Das traditionelle Rollenverständnis lässt Mütter verarmen

In einer repräsentativen Studie der Konrad-Adenauer-Stiftung von 2008[22] gaben 53 Prozent der befragten Eltern an,
die Verantwortung für die Erziehung gemeinschaftlich zu
tragen. Diese Angabe entspricht einem Gefühl, nicht aber
der Realität. Auf die Frage nach der konkreten Erziehungsarbeit kam heraus, dass sie ausschließlich bei der Mutter
liege (68 Prozent), was die Unterschiede in den Erwerbsar-
beitszeiten zwischen Männern und Frauen bestätigen: Der

Anteil der in Teilzeit arbeitenden Frauen ist kontinuierlich gestiegen, das belegen die Zahlen des Wirtschafts- und Sozialwissenschaftlichen Instituts (WSI) aus 2015.[23] Demnach arbeiten 70 Prozent der Mütter in Teilzeit, unter den Vätern sind es 6 Prozent. Zwar sind immer mehr Frauen erwerbstätig, aber immer mehr von ihnen kürzer, viele sogar weniger als 15 Wochenstunden. Wissenschaftler nennen die Kluft zwischen den Arbeitszeiten von Vätern und Müttern das »Gender Time Gap«, es hat sich bis 2001 kontinuierlich vergrößert und stagniert seitdem. Ihm zugrunde liegt die Auffassung der Frauen (es sind vor allem Mütter Anfang 30), dass die Aufgabe der familiären Betreuung die ihre sei. Sie entscheiden sich, in der Elternzeit ihre Arbeitsstunden zu reduzieren. Dreiviertel von ihnen wählen deshalb eine Teilzeitbeschäftigung. In Ostdeutschland, wo Mütter ein anderes Selbstverständnis haben, sind es weniger. Sie haben mit 33,6 Stunden eine deutlich höhere durchschnittliche Arbeitszeit als westdeutsche Frauen (29,6 Stunden). Insgesamt hat der Anteil der vollzeitbeschäftigten Frauen um 20 Prozent abgenommen. Sie verringern damit ihre Chance auf eine Führungsposition und verdienen ein Gehalt, von dem sie weder jetzt noch in Rentenzeiten leben können. Im Durchschnitt haben sie 15 Versicherungsjahre weniger als Männer, ihr Rentenanspruch sinkt um 40 Prozent. Sie machen sich abhängig vom Mann oder Staat. Und trotzdem halten sie stärker als die Väter an der Kinderbetreuung fest, wie die Studie zu den Familienleitbildern des BiB zeigt. Sie sehen es weiter als ihre Aufgabe an, nachmittags bei den Hausaufgaben zu helfen, eine gute, weil präsente Mutter zu sein.

Dieses traditionelle Rollenverständnis bedeutet für den Fall einer Trennung, dass die Kinder selbstverständlich bei der Mutter bleiben, mit der sie mehr Zeit als mit dem Vater verbringen, die ihnen erklärtermaßen nähersteht. In neun von zehn Fällen ist das alleinerziehende Elternteil die Mutter, schreibt das Bundesministerium für Familie auf seiner Homepage,[24] nicht ohne mit dem Vorurteil aufräumen zu wollen, denen gehe es schlecht: Neue Studien hätten ergeben, wie positiv die Alleinerziehenden ihrer Lebenssituation gegenüberstehen. Auch diese Zahlen belegen, dass der Mutter nach wie vor die bedeutendere Rolle zugesprochen wird.

Jan und ich erziehen gleichberechtigt

Kind und Mutter sind sich gegenseitig Lebensmittelpunkt – das ist die gesellschaftliche Erwartungshaltung. Grundsätzlich stimme ich ihr zu. Fragte mich jemand: Was ist das Kostbarste auf der Welt, so würde ich antworten: meine Kinder. Damit sie das bleiben können, achte ich darauf, dass wir uns nicht gegenseitig zermürben. Ich erziehe in Teilzeit, und zwar nicht erst seit ich Teilzeit-Mutter bin. Das ist ein familiäres Arrangement, über das weder Jan noch ich nachgedacht haben. Mit unserer Trennung wird unsere gleichberechtigte Erziehungspartnerschaft räumlich und damit öffentlich sichtbar. Ich lasse Jan in der Familienwohnung zurück, so beobachten das Freunde, die Familie, Nachbarn. Auch wenn sich Jan so sicher in diesem Haushalt bewegt, wie ich es getan habe, denke ich plötzlich darüber nach, ob er einkaufen wird, sich ans Putzen erinnert. Als hätte ich eine häusliche Verantwortung, die bleibt. Ich bin ausgezogen und gehöre damit nicht zu den Müttern, die für die Vereinbarkeit von Beruf und Familie zurückstehen. Mangelt es mir grundsätzlich an Empathie, frage ich mich und beobachte, wie Jan als verlassener Familienvater sofort von Freundinnen unterstützt, geliebt, versorgt wird. Manche kochen. Andere waschen. Eine kauft kurzerhand eine neue Spülmaschine.

Die Teilzeitbeschäftigung der Mütter ist akzeptiert, solange sie nicht die Erziehung der Kinder meint. Es scheint sich für Frauen zu gehören, dass sie der Vollzeiterziehung nicht widerstehen können: Gut, dann übernehme ich das eben, die Kinder, den Haushalt, die Ferienplanung. Gerne bleibe ich zuhause, wenn ein Kind kränkelt. Wem das kein Bedürfnis ist, ist selber krank. Das ist mütterliche Norm, von der ich abweiche, das zeigen die Kommentare zu meiner Kolumne.

In *Die deutsche Mutter: Der lange Schatten eines Mythos* schreibt Barbara Vinken: »Die berufstätige, gleichberechtigte Frau mit Kind ist ein Schreckensgespenst vor allem auch für Frauen, weil sie zeigt, dass es doch geht und die Ohnmacht keine objektive Gegebenheit ist.« Ich habe diese Ohnmacht nie gespürt. Vielleicht weil Jan mich nicht dazu gezwungen hat. Vielleicht weil ich rastlos bin.

Die Retraditionalisierung der Geschlechterrollen

Rastlos ist auch meine Freundin Christin. Sie ist Mitte 30 wie ich, wir haben zusammen Theaterwissenschaft studiert. Anschließend hat sie für die Pressestelle eines großen Theaters gearbeitet. Von früh bis spät. An den Wochenenden hat sie Premieren betreut. Christin ist klug und schnell, sie mag die Menschen, und die Menschen mögen sie. Inzwischen hat sie geheiratet und zwei Kinder bekommen, das jüngste ist zwei. Sie ist zuhause, ihr Mann arbeitet. Ihre Tage sind lang, die Nächte kurz. Christin möchte nicht mehr in der Küche stehen, aber auch nicht ans Theater zurück. Nicht für eine 20-Stunden-Woche. Sie würde wenig verdienen, wäre bloß eine bessere Aushilfe. Sie befürchtet, dass sich das seltsam anfühlen wird zwischen den alten Kollegen. Auch wären ihre Arbeitszeiten nicht familienfreundlich. Das Theater würde sie verbrennen. Sie sucht einen neuen Teilzeitjob, der sich mit der Kinderbetreuung vereinbaren lässt, denn die erkennt Christin als ihre Aufgabe an. Die Kinder werden so schnell groß, sagt Christin.

Sie hat recht. Und doch möchte ich sie manchmal schubsen, wenn ich sie erschöpft in der Küche stehen sehe. Der Alltag ist wie eine Welle über ihr zusammengeschlagen, und Christin macht einfach weiter, fordert nur selten die Hilfe ihres Mannes ein, dem die Aufgaben im Haushalt weniger leicht von der Hand zu gehen scheinen. Das macht mich wütend. Ich verstehe aber, sie muss den Ausstieg aus diesem Lebensmuster wollen. Nichts lockt sie. Der Weg zurück auf den Arbeitsmarkt wird mühsam sein, der Ausgang ungewiss.

Ich beobachte das und denke: Waren wir uns nicht ähnlich? Haben wir nicht dasselbe studiert, teilen wir nicht den Blick auf das Leben? Wir sind beide wissbegierig und ehrgeizig. Mit uns kann man etwas anfangen da draußen, warum bleibt sie drinnen? Unbeabsichtigt ist sie in etwas hineingeraten, das Sozialwissenschaftler die Retraditionalisierung von Geschlechterrollen nennen: Nach der Geburt nehmen erwerbstätige Paare traditionelle Rollen ein, indem die Mutter zuhause bleibt und der Vater zum Alleinverdiener wird. Die Einführung des Betreuungsgeldes, die sogenannte Herdprämie für Eltern, die nach der Geburt ihres Kindes zuhause bleiben und in Vollzeit erziehen, anstatt eine staatlich geförderte Betreuungseinrichtung in Anspruch zu nehmen, hat diese Entwicklung begünstigt. Das Betreuungsgeld wurde 2015 vom Bundesverfassungsgericht als nicht gesetzeskonform erklärt, es ist inzwischen freiwillige Sache der Länder. Laut einer noch unveröffentlichten Studie des Deutschen Jugendinstituts (DJI) waren immerhin 40 Prozent der Bezieher »überzeugte Familienerzieher«.[25] Und »Familienerzieher« sind in der Mehrheit Mütter, ein Betreuungsmodell, das unsere Gesellschaft pflegt. Gleichberechtigtes Kindererziehen bleibt etwas, das man machen kann, aber nicht wirklich muss.

Christin ist alleinverantwortlich für das Familienmanagement, so empfindet und akzeptiert sie das. Dass der Kindergarten nur bis zum frühen Nachmittag geöffnet hat, ist genauso ihr Problem wie die Tatsache, dass sie ihren Sohn noch nicht in die Krippe geben mag, obwohl er bald zwei ist. In dieser fürsorglichen Vorsicht wird sie an anderer Stelle bestätigt: Kürzlich bat die Kindergärtnerin Christin, ihre Tochter früher abzuholen. Sie würde sich mit dem Essen etwas anstellen. Und da Christin sowieso zuhause sei, könne sie das Kind um 12 Uhr abholen – das sei sicher in ihrem Sinne? Ich beobachte Christin, wie sie Richtung Kindergarten hetzt und weiß, nur noch wenig läuft hier in ihrem Sinne. Sie wehrt sich nicht, will eine gute Mutter sein. Anderen, beobachtet sie, ginge es ja auch so, Muttersein macht müde.

Fremdbetreuung, ein so typisch deutsches Wort, ist in unserer Gesellschaft immer noch nicht selbstverständlich. Sie hat kein flächendeckendes System, sie ist nichts, worauf sich Frauen wie Christin berufen können. Ob sich Mütter Zeit für sich nehmen, neben ihren Kleinkindern arbeiten, bleibt damit eine Frage des Charakters, der persönlichen Neigung und des ökonomischen Zwangs. In dieser unsicheren Betreuungssituation – auch der Mangel an Krippenplätzen trägt dazu bei – werden Frauen automatisch dazu gezwungen, sich zu fragen, ob sie sich nicht besser und einfacher für das Vollzeitmuttersein entscheiden.

Ich begreife, dass das Timing der Geburten unserer Kinder nicht nur unser Mutterverständnis, sondern auch unsere Lebensläufe und Arbeitsbiografien umgeschrieben hat. Ich musste mich nicht für eine Teilzeitstelle entscheiden. Ich habe in Teilzeit studiert, was außer einem paar Beurlaubungsstempeln in meinem Studienbuch und einem späteren Arbeitseinstieg kaum Spuren hinterlassen hat. Christin ist bereits auf dem Arbeitsmarkt, als sie sich entscheidet, auszusteigen und Elternzeit zu nehmen, am Ende ihre Arbeitszeit zu reduzieren – mit weitreichenden Folgen. Christin wird länger pausieren als ich und anschließend in einen

Job einsteigen, der vor allem zeitlich passen muss. Sie landet in der Teilzeitfalle, wie viele Frauen vor ihr.

In Frankreich hingegen, oft zitiert, ist eine flächendeckende Kinderbetreuung gewährleistet – für unter Dreijährige wie für Kindergarten- und Schulkinder. Ein System, auf das die Eltern seit Generationen vertrauen, Fremdbetreuung wird nicht infrage gestellt. Die meisten Französinnen sind ein halbes Jahr nach der Geburt wieder berufstätig. In Vollzeit. Deutsche Mütter müssen davon ausgehen, dass die Geburt ihres Kindes einen großen Einschnitt bedeutet. Wer sich dem widersetzen will, muss einen starken Willen haben, genau planen, darf abenteuerliche Betreuungskonstruktionen nicht scheuen. Mutter sein und arbeiten ist in Deutschland nichts Selbstverständliches.

Und wie machen es andere Teilzeit-Mütter?

Während sich Christins Leben verdichtet, hat sich meins gelockert. Ich habe Beziehungen gelöst, bin umgezogen und bin nur mehr jede zweite Woche für meine Kinder zuständig. Ich kann mich nicht mehr an traditionellen Familienmustern orientieren, ebenso wenig an alten Rollenbildern. Ich muss eine neue Mütterlichkeit entwickeln. Eine, die sich nicht auf permanente Präsenz und Fürsorge stützt, die mich davon freispricht, die wichtigste Bezugsperson sein zu müssen.

Mir fehlen Vorbilder. Ich spreche mit Nina, einer erfahrenen Teilzeit-Mutter, die ihre Töchter seit drei Jahren nur jede zweite Woche sieht. Nina hat sich an die Freiheit, die das Wechselmodell mit sich bringt, gewöhnt. Das Kinder-teilen ist ihr zum Alltag geworden. Sie vermisst nichts, ihre Trennung empfindet sie als richtig. Ihr unbekümmerter Blick auf unsere Situation stimmt mich traurig – dürfen wir leichten Herzens Kinder teilen? Auch wenn ich theoretisch weiß, dass wir viele Möglichkeiten haben, Familie zu leben, so scheint mir keine so verbindlich wie die klassische, die ich bisher gelebt habe. Was, wenn wir uns immer öfter trennen und Familie am Ende nur mehr aus beliebigen Konstruktionen besteht, die schon morgen ihre Gültigkeit verloren haben könnten? Wie wird sich unser Verständnis von Familie verändern? Hat sie in zehn Jahren noch so etwas wie einen Kern, oder wird sie so viele haben wie ein Apfel? Ninas Familie hat zwei, ihre Kinder pendeln zwischen ihr und dem Vater. Daran hat sie sich gewöhnt, sie erlebt das Wechselmodell weder als Konstruktion noch als Kompromiss. Sie ist mir mit ihren positiven Erfahrungen voraus, ähnlich wie Merle.

Merle ist 42 und hat drei Kinder von zwei Vätern. Das jüngste ist drei und geht in den Kindergarten, mit dem Vater streitet sie um das Sorgerecht. Die beiden älteren, Jonathan und Helena, wohnen montags bei ihr, am Dienstag und am Mittwoch beim Vater, Donnerstag wieder bei Merle sowie jedes zweite Wochenende. In welchem Rhythmus ihre jüngste Tochter Lotte wechselt, wird nun das Gericht entscheiden müssen. Vielleicht, sagt Merle, wird Lotte unter der Woche bei ihr leben, dafür drei Wochenenden bei ihrem Vater. Denn der sei kein guter Alltagsversorger, erklärt sie. Manchmal, wenn er Lotte übergebe, fehlten Schuhe oder Kleider. Ein Grund, warum auch die anderen Verfahrensbeteiligten für die Wochenendlösung plädierten.

Merle ist seit mehreren Jahren Teilzeit-Mutter. Nach der Trennung pendelten ihre Kinder sogar täglich. Ich staune über die raschen Wechsel – verbreiten sie keine Unruhe? Scheinbar nicht. Ihre Kinder wirken fröhlich und nicht überdreht. Trotzdem muss ich an Hotels und Pensionen denken, daran, dass sie einen Aufpreis verlangen bei der Buchung für nur eine Nacht. Nein, sagt Merle, die Wechsel würden weder ihre Kinder noch sie belasten, das Vaterzuhause könnten sie in 20 Minuten mit der U-Bahn erreichen. »Sie ermöglichen mir einen engen Kontakt zu den Kindern. Ich weiß, was sie in der Schule machen, mit wem sie befreundet sind, zu welchen Geburtstagsfeiern sie eingeladen sind.« Der Vater von Jonathan und Helena begleitet sie zu Sommerfesten und Geigenvorspielen, sie verstehen sich gut. Und das sei das Wichtigste, sagt Merle: »Ich erzähle den Kindern immer wieder, dass sie einen wunderbaren Vater haben. Sie lachen dann und antworten, Ähnliches habe mein Exmann über mich gesagt. Wir respektieren uns. Und ich glaube, dass unsere gegenseitige Wertschätzung den Kindern ein Gefühl von Sicherheit vermittelt.« Merle weiß, wie schwierig es wird, wenn die Eltern keinen Kontakt haben. Lottes Vater grüßt sie nicht mehr, was ihre Tochter genau beobachtet – weiß sie doch, wie herzlich der Vater ihrer Geschwister mit der Mutter umgeht. Unter diesen Umständen, sagt Merle, sei das Wechselmodell eine Belastungsprobe, der man sich eigentlich nicht freiwillig stellen wolle.

Von den schweigenden Übergaben abgesehen ist Merle eine glückliche Mutter. Sie arbeitet 30 Stunden in der Woche als Psychologin auf der Kinderstation einer Uniklinik, ist meist in fröhlicher Eile und wirkt so, als hätte sie ihr Leben improvisiert. Bald wird sie Vollzeit arbeiten – auf zwei Stationen. An den Tagen, an denen die Kinder bei ihren Vätern sind, bleibt sie länger in der Klinik und macht Überstunden, was allerdings kaum Beachtung findet. Ihr Arbeitgeber weiß um ihre Situation und bringt ihr wenig Verständnis entgegen. Während Überstunden kommentarlos hingenommen werden, wird eine fünfminütige Verspätung am Morgen gerügt. Auf der neuen Station wird das Klima besser sein, sagt Merle, es komme eben auf die Ärzte an. Sie erzählt von ihrem leeren Konto, von grandiosen Verabredungen, schrägen Typen, Alltäglichem. Sie stöhnt und jammert nicht. Sie ist froh über ihre drei Kinder und zuversichtlich, dass sie sich auch mit Lottes Vater einigen wird.

Sie könnten mir Mut machen, diese Erzählungen. Doch meine Trennung ist erst wenige Monate alt, ich muss mich orientieren. Mein Bedauern darüber, dass die Kinder im Alltag nur mehr ein Elternteil um sich haben werden, ist groß. Ich kann den Vorteil meiner neuen Freiheit noch nicht wahrnehmen, nicht nutzen. Meine Kinder sind jetzt Trennungskinder, wie ich eines bin. Sie werden sich fortan Gedanken darüber machen, wie sie ihre Weihnachtsgeschenke gerecht zwischen Mama und Papa aufteilen. Überhaupt die Sorge um Gerechtigkeit – sie wird wachsen. Kein Elternteil soll sich vernachlässigt fühlen. Als Teilzeitkinder werden sie ernster, schneller erwachsen. Häufig den Ort wechseln. Ich nehme nur noch ausschnittsweise an ihrem Leben teil. Es sind die Trennung und ihre Folgen, die mich beschäftigen: Als Kernfamilie haben wir es nicht geschafft.

Teilzeiteltern sehen ihre Kinder nach Vereinbarung

Ich begreife, dass wir Pioniere sind. Als Eltern versuchen wir nicht nur, eigene Erwartungen und die der anderen zu vereinbaren. Wir bemühen uns auch, die Vorstellungen des Expartners zu berücksichtigen, der gleichberechtigt miterzieht. Der tolstoische Satz aus *Anna Karenina*: »Alle glücklichen Familien sind einander ähnlich; jede unglückliche Familie jedoch ist auf ihre besondere Weise unglücklich«, kann für geteilte Familien nicht gelten. Jedes dieser Familienglücke ist einzigartig, eigens geschaffen aus dem Umstand heraus, dass die elterliche Einheit von Zeit und Ort nicht mehr gegeben ist. Deshalb kann auch kaum eine Lösung als vorbildlich gelten, als Teilzeiteltern müssen wir sie immer wieder neu improvisieren und unser Elternsein dabei neu definieren.

Einmal, an einem Sommersonntag, kurz nach elf Uhr morgens, versuche ich, unsere Wochenregelung zu umgehen, die Jan und ich vereinbart haben. Gleich wird meine Schwester ankommen am Münchner Hauptbahnhof. Martha und Louise sind bei Jan, es ist Vaterwoche für noch eine weitere Nacht. Aber als ich mich anziehe, um Jule am Gleis zu empfangen, denke ich, wie traurig es wäre, ohne meine Kinder dort zu stehen. Jule ist immer mehr Tante als Schwester gewesen, sie liebt Martha und Louise. Sie hat ihnen das Händewaschen vorm Essen beigebracht. Kastanien mit ihnen gesammelt. Bilder gemalt. Osterzöpfe gebacken. Ich kann mir gar nicht vorstellen, Jule zu umarmen, ohne dass meine Töchter zuvor auf sie zurennen, das wäre ja unvollständig. Und wenn sie mitkämen?

Ich rufe Jan an. Festnetz. Vielleicht hatte er Nachtdienst und ist froh, wenn ich Martha und Louise einfach abhole und mit ihnen den Tag verbringe. Anna hebt ab, Jan hat Dienst. Anna, erkläre ich ein bisschen gehetzt, meine Schwester Jule besucht mich, und wir wollen mit Paul an den See fahren, segeln. Ich bremse mich und frage: »Was habt ihr denn vor?« – »Wir wollen auch an den See fahren«, sagt Anna, »an den Wörthsee. Familie K. kommt auch mit. Warum?« – »Naja«, antworte ich, »ich dachte, vielleicht könnte ich Martha und Louise abholen. Wenn es euch passt, Jan arbeitet ja.« Anna schlägt vor, dass wir sie an den Wörthsee begleiten, aber das geht ja nicht, Pauls Boot liegt ganz woanders. Dann sagt sie, natürlich könne ich die Mädchen holen, wenn es dringend wäre ...

Ich merke, wie ich alles durcheinanderbringe, einen Plan zerstöre, unsere neue Normalität infrage stelle. Jetzt müsste ich die Wohnung verlassen, um pünktlich am Bahnhof zu sein. Aber die Vorstellung, dass meine Töchter den Sommersonntag mit Anna, Patchworkgeschwistern und Familie K. verbringen anstatt mit ihrer Mutter, erscheint mir völlig verrückt. Sollten wir an Seen sitzen, getrennt voneinander, nur weil wir uns irgendwann einmal für einen Wochenrhythmus entschieden haben, der diese Woche zu Jans erklärt? Ich habe Erdbeertiramisu gemacht, mir fällt ein, dass es meinen Kindern sicher schmecken würde. Ich laufe auf und ab, lasse mich an Louise weiterreichen. Ob sie denn auch Lust habe, im Wörthsee zu baden mit Anna und Familie K., frage ich. Louise spürt das Dilemma und sagt vorsichtig: Mama, warum fährst du nicht einfach an deinen See, hast dort einen guten Tag und wir hier? Ihre vernünftige Antwort trifft mich hart. Sie hat recht. Ich habe sie in Schwierigkeiten gebracht aus der Sehnsucht heraus, die Welt solle für einen Moment so sein wie früher.

»Jetzt beruhige dich«, sagt Paul, der beobachtet, wie ich weiter glaube, ich müsse ein tragisches Missverständnis verhindern: »Ich war mit deinen Kindern auch schon am See an einem anderen Sommersonntag, als du gearbeitet hast.«

Ich sehe, dass ich meine Kinder nicht nur mit ihrem Vater teile. Sondern mit vielen Menschen. Es scheint sie nicht zu belasten – wenn ich mich an die Vereinbarungen halte. Sie sind das Korsett im Patchwork. Sie halten diese neue Familie zusammen, in die ich als Mutter hereingeplatzt bin wie ein unfair gespielter Trumpf.

Jule wartet am Nordausgang. Ich bin zu spät, winke. »Die Kinder«, ihre erste Frage während wir uns umarmen, »sind gerade bei Jan?« Ich nicke. Dann laufen wir zu Paul, der im Auto wartet.

Teilzeiteltern haben mehr Zeit für sich

Vor jedem Flug werden wir an die Sicherheitsbelehrungen erinnert: Im unwahrscheinlichen Fall eines Druckverlustes fallen aus der Deckenverkleidung Sauerstoffmasken herunter, sagt eine sanfte Frauen- oder Männerstimme aus dem Off, während Crewmitglieder zeigen, wie wir sie korrekt über Mund und Nase streifen. Erst wenn wir uns selbst versorgt haben, dürfen wir anderen helfen. Damit sind auch eigene Kinder gemeint. Ich mag diesen Satz. Er weist mich an, zuallererst Sorge zu tragen für meinen Atem. Mein Leben zu sichern. Meiner Verantwortung mir selbst gegenüber gerecht zu werden. Hier ist sie nicht nur akzeptiert, sie wird eingefordert.

Als Mutter werde ich permanent an die Verantwortung erinnert, die ich für andere trage. Sie schiebt sich mal mehr, mal weniger in den Vordergrund. Und Mütter, die sie scheinbar ignorieren, werden zu Rabenmüttern. Sie gelten als egoistisch, ganz gleich welche Hintergründe ihr Handeln hat.

Im Zusammenhang mit der tradierten Mutterliebe verliert der Egoismus jede Natürlichkeit und wird zu einer ausschließlich negativen Eigenschaft. Wer egoistisch handelt, kann keine gute Mutter sein. Dazu gehören Teilzeit- und auch Wochenendmütter, die, wie ihr Name schon verrät, eine bestimmte Zeit ohne ihre Kinder verbringen. Das Lebensmodell dieser Mütter kann nicht einfach für sich stehen, es ist laut und scheint so viel über sie auszusagen. Ein Vater, der sein Kind jedes zweite Wochenende sieht, ist eine normale und damit erst einmal neutrale Erscheinung. Eine Wochenendmutter – muss besonders sein. Bestimmt ist sie selbstbewusst, ehrgeizig, zielorientiert, wohl eher gefühlsarm? Sehr intelligent oder sehr einfach? Denn Mutterschaft kennt keine Pausen, davon gehen wir aus. Deshalb ist der Versuch, neben ihr noch weitere Leidenschaften zu pflegen, zum Scheitern verurteilt oder zumindest eine schwierige, weil ambivalente Angelegenheit. Seit Jahrzehnten bemühen sich Mütter, Kind und Karriere, Kind und Partnerschaft – kurz: die Moderne – zu vereinbaren. Und egal, wie sie es gestalten – sie werden dafür kritisiert, von anderen, von sich selbst.

Niemand in meinem Umfeld fragt mich: Wie kannst du nur deine Kinder teilen? Niemand wirft mir vor, diese Entscheidung sei egoistisch, nicht direkt, von den bissigen Kommentaren unter den Folgen meiner Kolumne im *SZ-Magazin*-Profil auf Facebook einmal abgesehen. Ich strafe mich selbst, indem ich mich gegen die Vorteile, die das Wechselmodell mit sich bringt, wehre. Auf einmal habe ich so viel Luft zum Atmen. Zeit nur für mich. Sie darf sich nicht gut anfühlen, eine verwerfliche Idee. Erzähle ich anderen Müttern, dass meine Töchter jede zweite Woche bei mir leben, sagen sie: Toll, dann hast du ja Zeit für dich, kannst ausgehen, lesen, Nägel lackieren! Sicher, in den kinderfreien Wochen habe ich mehr Zeit. Ich arbeite über die Abendbrotzeit hinaus. Ich sitze in der Küche und rauche, ich gehe ins Kino und koche irgendetwas mit Pflaumen, weil niemand da ist, der sie eklig findet.

Das ist alles gut, bis mir einfällt, dass ich nicht weiß, was meine Mädchen gerade machen. Von dort ist es nicht weit bis zur Scham. Wie soll ich mich über diese freie Zeit freuen, ohne mich nicht rabenmutterschwarz zu fühlen? Zum ersten Mal seit elf Jahren habe ich kinderfreie Wochen. Wochenenden, die ich nur mit mir verbringen kann. Als wir noch zu viert lebten, war ich oft alleine unterwegs. Für eine verabredete Zeit. Dann kehrte ich zurück, weil ich erwartet wurde. Ich konnte erzählen, dann wurde gegessen, denn Mahlzeiten mit Kindern sind nicht verhandelbar. Jetzt habe ich an manchen Tagen eine totale Freiheit, ich könnte alles und muss nichts.

Ich lerne, dass sich die Zeit für mich nicht gegen meine Kinder richtet

An diesen Tagen weiß ich gar nicht, wo ich anfangen soll. Geh doch raus, sage ich laut zu mir selbst, draußen ist es warm. Ich bin alleine, weil ich vergessen habe, mich zu verabreden, spontan hat keiner meiner Freunde Zeit. Früher habe ich mich verabredet, um Ruhe zu haben, jetzt, um der Ruhe zu entkommen. Aber vielleicht wäre es gut, einfach mal alleine in der Sonne zu spazieren. Andere machen das ja auch. Ich setze die Sonnenbrille auf und verlasse das Haus. Draußen Menschen in den Cafés, lautes Gewusel, Kinderwägen, volle Tische.

Ich würde mich gerne dazusetzen und Zeitung lesen. Ich hätte genug Zeit für *Die Zeit*. Aber ich kann mich nicht entscheiden, welches Café das beste wäre, sehe auch nirgends einen freien Platz und will nicht suchend rumstehen. Ich laufe weiter, dann eben ein Spaziergang. Nur wohin? Plötzlich scheint mir das Gehen ohne Grund auffällig. Ich schiebe keinen Kinderwagen, habe keinen Freund neben mir, keinen Hund an der Leine, nicht mal ein Telefon am Ohr. Ich finde, die Leute gucken. Ich vermute, dass man mir mein Alleinsein ansieht, deshalb gehe ich schneller, soll wenigstens so aussehen, als hätte ich ein Ziel. Ich hetze mich mittlerweile und glaube mir die Eile selber. Wenn jemand unvermittelt meinen Weg kreuzt, fauche ich: Mann, Mann. Wohin nur? Ich steuere auf eine Drogerie zu, irgendetwas werde ich schon brauchen. Drinnen stehe ich lange vor den Regalen. Ich kaufe Klopapier. Dann gehe ich nach Hause und setze mich auf meinen kleinen Balkon. Schon gut, sage ich mir, einmal am Tag muss man ja raus. Ich nehme mir vor, mich für den morgigen Tag zu verabreden.

In den folgenden Monaten lerne ich langsam, mit der neuen Freiheit umzugehen. Ich begreife, dass sich die Zeit für mich nicht gegen meine Kinder richtet. Dass sich die Beschäftigung mit mir selbst nicht schal anfühlen muss, um eine gute Mutter zu sein. Es sind vor allem kinderlose Freunde, die mir dabei helfen. Ich versuche, mir bei ihnen das Tagebummeln abzuschauen. Freunde mit Kindern sind etwas vorsichtiger. Sie kritisieren mich nicht, sie drücken Befremden aus: »Der Paul muss ja ein ganz wunderbarer Mensch sein«, sagt ein Vater mit Blick auf die Familie, die ich für ihn aufgegeben habe. Sie freuen sich, dass es mir gut geht – aber die Kinder teilen? Für sie unvorstellbar.

Vätern wird ihre Abwesenheit verziehen, Müttern nicht

Für andere Teilzeit-Mütter sind solche Reaktionen ein Grund, möglichst wenig über ihre familiäre Situation zu sprechen. Kritik, sagen sie, käme auch von Männern. In einem Feature für Deutschlandradio Kultur von Wibke Bergemann über Frauen, die ihre Kinder beim Vater aufwachsen lassen, fasst eine Wochenendmutter die Reaktionen eines Bekannten so zusammen: »Es ist unnatürlich, dass Kinder beim Vater aufwachsen. Ich müsste das bereinigen. Wenn ich die Beziehung nicht kippen könnte, dann müsste ich zumindest die Kinder zu mir holen.« Bereinigen – ein besonderes Verb in Bezug auf ihre Situation. Rein scheint eben nur die Fürsorge der Mutter. Natürlich das Aufwachsen an ihrer Seite. Damit die Interviewpartnerin nicht als »Außerirdische« wahrgenommen wird, bemüht sie sich darum, ab und zu mit ihren Töchtern im Dorf gesehen zu werden.[26]

Tina, Steuerfachangestellte und Wochenendmutter, auch sie lebt in einem Dorf, hat auf ihrem Blog »vomwerdenzumsein« aufgeschrieben, welche Fragen ihr gestellt wurden: »Und wenn du dir in ein paar Jahren vorwirfst, was du getan hast? Warum tust du dir das an, wo doch damit zu rechnen ist, dass dich die Gesellschaft dafür angreifen wird? Was, wenn den Kindern in der Schule die Frage begegnet: Wieso lebst du nicht bei deiner Mutter? Ist die abgehauen?« Und zuletzt das Bedauern, das ihre Situation als Scheitern bilanziert, als traurigen Kompromiss: »Das ist aber sehr, sehr schade. Kannst du denn da gar nichts mehr machen?« Und die Bloggerin fragt zurück: »Wie oft begegnet Vätern diese Frage, die nicht mehr bei ihrer Familie leben?«[27]

Ähnlich verurteilt wurde die Grünen-Politikerin Simone Peter. In einem Interview mit der *Bunte* 2015[28] erzählte sie, dass sie unter der Woche in Berlin lebe und am Wochenende bei Mann und Sohn im Saarland. Daraufhin titelte die Zeitschrift in ihrer Online-Ausgabe: »Sechs Tage Karriere, ein Tag für das Kind.« Bei einem männlichen Kollegen, kritisierte die Bundestagsabgeordnete daraufhin, hätte die Überschrift anders ausgesehen.

Vätern wird ihre Abwesenheit verziehen. Es wird vermutet, dass sie für den Unterhalt der Familie aufkommen müssen und deshalb viel und lange arbeiten. Und sollte ihre mangelnde Präsenz andere Ursachen haben, so werden sie meist als nachvollziehbar hingenommen. Ich kann mir kaum vorstellen, dass ein pensionierter Manager das Familienalbum aufschlägt, Fotos seiner Kinder betrachtet und in ihren Gesichtern nach den Spuren seiner Abwesenheit sucht, nach Kummer und Vermissen. Meiner Mutter hingegen passiert das oft. Sie hat mich bei meinem Vater aufwachsen lassen, und schaut sie sich Bilder an, die mich als Zwei- oder Dreijährige zeigen, so kommen ihr die Tränen. In meinem schon immer irgendwie skeptischen Gesicht meint sie, ein verlassenes Kind zu erkennen. Sie zeigt auf mein Schnüffeltuch, auf verweinte Augen, und bedauert, dass mich in diesen Momenten andere trösteten. Meine Mutter bereut ihre Entscheidung nicht. Ihre Abwesenheit aber beschäftigt sie seit 34 Jahren.

Die paritätische Erziehungspartnerschaft in Theorie und Praxis

Teilzeit- und Wochenendmütter verlieren an Ansehen während das der Väter steigt. Sie übernehmen mehr Verantwortung als zuvor, dafür werden sie zu Recht gelobt, die Mütter verurteilt. Was als Fortschritt der sogenannten neuen Väter gefeiert wird, findet bei den Müttern keine Entsprechung. Dass sich immer mehr Getrennte darum bemühen, die Erziehungsarbeit gleichberechtigt zu gestalten, ist weniger bemerkenswert als die Tatsache, dass die betroffenen Mütter freiwillig für bestimmte Zeiten auf ihre Kinder verzichten. Im Fall des Wechselmodells haben Kinder die

Möglichkeit, sowohl die Beziehung zur Mutter als auch zum Vater aufrechtzuerhalten. Kritiker, die Getrennten vorwerfen, das Wohl des Kindes aus den Augen zu verlieren, müssten das als Vorteil erkennen. Trotzdem, der Satz »Wie kann eine Mutter bloß…« (ob nur empfunden oder ausgesprochen) begleitet uns auch 2016 auf der Suche nach neuen Familienmodellen. Ich begreife, dass ich nun für die Erziehungspartnerschaft, die Jan und ich selbstverständlich hingenommen haben, kämpfen muss. Langsam verabschiede ich mich von einem Mutterideal, das mich bis zu meiner Trennung begleitet hat. Es kann nun nicht mehr gelten. Mir bleibt nichts anderes übrig, als die Kinder aufmerksam zu begleiten und mich auf mein Gefühl zu verlassen.

Unsere privaten Voraussetzungen für eine Erziehungspartnerschaft sind gut. Jan und ich können miteinander reden, beide haben wir den Willen, einander zugewandt zu bleiben. Unsere Töchter Martha und Louise sind verhältnismäßig groß, zum Trennungszeitpunkt sind sie neun und elf Jahre alt. Sie gewöhnen sich schnell an die Wochenwechsel und kümmern sich bald selbstständig um die Dinge, die sie mitnehmen müssen. Wären sie jünger, würde uns ihr Pendeln stärker logistisch und emotional herausfordern. Eine Woche wäre womöglich zu lang für ein einjähriges Kind, das bereits nach zwei Tagen fremdelt. Einer australischen Studie zufolge wirkt sich das Wechselmodell auf Kleinkinder unter vier Jahren sogar belastend aus. Ich bin froh, dass Martha und Louise erst zwischen Haushalten wechseln, als sie keinen Mittagsschlaf mehr machen und ihr Tagesrhythmus flexibler ist als der eines Kindergartenkindes. Seine Rituale in verschiedenen Zuhause pflegen zu müssen (Essens-

und Bade- und Schlafenszeiten, Vorlesen, Singen, ist das Schnüffeltuch mitgekommen?), ist sicher keine leichte Aufgabe. Martha und Louise haben sich während der Trennung selbst an die Hand genommen, unterstützt von Eltern und Freunden. Allen voran von meiner Freundin Hanna, die mich und meine Töchter aufnimmt. In ihrem Haushalt erlebe ich mein erstes Jahr als Teilzeit-Mutter.

5 Multilokales Aufwachsen

Wie wir eine Wohnung finden und eigene Zimmer beziehen

Martha ist verärgert. Ihre Schwester kann sie nicht beschwichtigen, und ich darf es nicht versuchen. Martha verlässt das Zimmer und verschanzt sich bei unserer Mitbewohnerin Hanna, während ich im Flur wütend mit den Worten meines Vaters schimpfe: So geht das nicht! Du kannst dich nicht einfach in Hannas Bett legen! Dabei wissen wir, dass das geht. Hanna hat es sogar gesagt: In Momenten der Enge und auch sonst dürfen wir ausweichen, ihre Wohnung ist unsere.

Sie hat die Dielen abgeschliffen, die nun warm leuchten. Ich habe unser Zimmer gestrichen. Wir leben an einem guten Ort, wollen nicht weg und ahnen doch, bald brauchen wir wieder eigene Zimmer. Jeder eines. Suchen wir uns eine Dreizimmerwohnung, sage ich. Drei? Die Kinder schauen. Und wo soll Hanna schlafen? Nach einem gemeinsamen Jahr gehört sie zur Familie. Ich erkläre, dass Hanna zurückbleibt, weil sie ihre Wohnung schätzt und sie als ihr Zuhause behalten möchte. Enttäuschung.

Ich beginne zu suchen. Abonniere die Budenschleuder,

eine regelmäßige Rundmail von und für Vermieter und Suchende. Ich lese Anzeigen, werde mutlos. Die letzte Wohnungssuche liegt nicht lange zurück, sie dauerte eineinhalb Jahre. Ich erinnere mich an die Schlangen der Interessenten, die wertenden Blicke, an absurd hohe Ablöseforderungen, positivistische Selbstauskünfte. München, eine geschlossene Gesellschaft.

Zu den ersten Besichtigungen kommen Martha und Louise mit. Sie tanzen durch leere Räume, sagen, dies soll mein Zimmer werden, hier wird mein Bett stehen, dort in der Küche ist Platz für einen Tisch, und wenn wir aus dem Fenster schauen, sehen wir den Kirchturm – ist die Wohnung teuer, Mama? Am nächsten Tag immer der Anruf einer freundlichen Frau, leider nein, zur Entscheidung kann sie nichts sagen. Nach drei Monaten höre ich auf zu suchen, die Kinder fragen nicht mehr.

An einer Schwabinger Straßenkreuzung endlich der Auftritt von Herrn Pfeiffer mit drei f, weißes Haar, braune Herrenhandtasche von Aigner. Herr Pfeiffer hat eine Wohnung zu vergeben, der Tipp einer Freundin, die im Haus wohnt. Sie ist zu teuer, ich schaue sie trotzdem an. Mir gefällt Herr Pfeiffer. Und Herrn Pfeiffer gefiele es, würde ich in die Wohnung einziehen, denn sie ist groß genug für eine Mutter mit zwei Kindern, und Kinder, sagt Herr Pfeiffer, brauchen ein ordentliches Zuhause.

Zweite Besichtigung mit meinen Töchtern. Wieder teilen sie die Räume auf, nüchtern diesmal, wer weiß, ob sie wirklich einziehen werden. Darüber denke ich ein ungemütliches Wochenende lang nach. Dann erkläre ich Herrn Pfeiffer, dass ich mir die Wohnung nicht leisten kann, weil ich nie wüsste, wie viel Geld ich verdienen würde. Jedenfalls nicht genug für diese drei Zimmer. Verstehe, sagt er. Die Kinder sagen nichts. Am nächsten Tag ruft Herr Pfeiffer wie gegen Wind in sein Telefon, ob ich die Wohnung nehmen würde, wenn er die Miete reduziere?

Wirklich leisten kann ich mir die Wohnung nicht, jedenfalls nicht nach den Berechnungen meines Steuerberaters. Aber was heißt das schon. Die Kalkulation anderer verunsichert mich, denn womöglich rechnen sie auf eine Sicherheit hin, die ich nie hatte, die mir gar nicht entspricht. Werde ich wirklich verarmen, mir also von den Nachbarn einen Euro leihen, um mir Zigaretten kaufen zu können? Oder handelt es sich eher um die Empfehlung eines Sparers?

Und wenn du eine Zweizimmerwohnung mietest? schlägt mir Hanna vor. Ich denke an die kleinen privaten Ecken, die sich Martha und Louise gebastelt haben, an die Sammlung unter ihren Kopfkissen, an die Aufteilung der Schrankfächer. Wie ordentlich Louise ihre Dinge hortet, Martha legt darauf keinen Wert. Sie streiten deshalb. Wie lange werden sie sich noch ein Zimmer teilen können? Ein Jahr, vielleicht zwei? Ich bin des Provisoriums müde und entscheide mich für das Pfeiffer'sche Zuhause. Wir werden zwischen Klassenkameraden wohnen, die Kinder können nun zur Schule laufen und mit der Straßenbahn in wenigen Minuten zu Jan fahren. Noch bevor wir einziehen, steht unser Name an der Klingel.

Besitz bindet und belastet, heißt es, aber als ich das Geschirr aus Zeitungspapier schäle, fühle ich mich frei. Ein Jahr lang habe ich von Hannas Tellern gegessen und auf ihren Stühlen gesessen, Hannas Leben geteilt wie sie unseres. Eine gute Zeit. Jetzt schauen wir wieder in vertraute Spiegel, stecken die Blumen in Omas Vase, die Hosen in die alte Kommode. Wir essen am großen Tisch vom Familiengeschirr. Jan hat mir das meiste überlassen, er ist in einen bereits ausgestatteten Haushalt gezogen. Noch während wir Kartons schleppen, bezieht Martha ihr Zimmer, sie hat sich das kleinste ausgesucht. Ihr Bett ist schon aufgebaut, und so macht sie sich die neue Umgebung wortlos zu eigen: Sie schläft.

Die Mehrzahl der Trennungskinder wird von beiden Elternteilen betreut

In den nächsten Monaten versuche ich, Bleibendes zu etablieren. Erst mit den eigenen Zimmern, bemerke ich, haben die Kinder ein zweites Zuhause, das dem ihres Vaters als Pendant gegenübersteht. Wir leben jetzt zu dritt als Nachttrennungsfamilie, so nennen uns Experten. Und obwohl sich unsere räumliche Lage entspannt hat, rücken wir noch einmal näher zusammen. Ohne Hanna ist alles ein bisschen mehr wie früher. Möbel, Mahl- und Schlafenszeiten, nur Jan ist nicht dabei. An manchen Abschiedsmontagen befürchten die Kinder, ich könnte einsam sein ohne sie, jetzt, wo auch Hanna fehlt und mein Freund Paul uns unregelmäßig besucht. Kurz nachdem sie das Haus verlassen haben, ruft mich Louise an, ob ich bitte auf den Balkon treten könne? Sie möchte mein Gesicht sehen, um zu kontrollieren, ob ich wirklich nicht weine.

Doch nach mehr als einem Jahr sind wir geübt im Abschiednehmen. Meist gegen halb acht springe ich auf den Balkon, der an den Fahrstuhl grenzt und versuche, meine Töchter durch den wuchernden Knöterich hindurch noch einmal zu küssen. Ich verabschiede sie in die Schule und jeden zweiten Montag in eine Vaterwoche. Also sind die Küsse leicht, manchmal vehement, Druckknöpfe auf Stirn und Haar, bleib mir mein Kind, sagen sie, ich bleibe dir deine Mutter. Ich winke in den Hof und frage mich, wie viele Eltern eben jetzt ihre Kinder für Tage oder Wochen verabschieden. Dazu gibt es keine Zahlen. Im Mikrozensus, die repräsentative Haushaltsbefragung der amtlichen Statistik in Deutschland, wird zwar die Form des Zusammenlebens, nicht aber die haushaltsübergreifende Betreuung der minderjährigen Kinder dargestellt. Kinder können bisher in nur einem Haushalt gemeldet werden. Zu 90 Prozent ist es der Haushalt der Mutter: 2014 gab es 180 000 alleinerziehende Väter mit Kindern unter 18 Jahren und rund 1,5 Millionen alleinerziehende Mütter. Wie viele von ihnen zwischen den Eltern pendeln und in welchem Rhythmus wird nicht abgefragt.

Untersuchungen der sogenannten Schumpeter-Nachwuchsgruppe am Deutschen Jugendinstitut in München haben ergeben, dass 80 Prozent der Trennungskinder abwechselnd von Mutter und Vater betreut werden – in unterschiedlichen Formen. Nur 20 Prozent haben gar keinen Kontakt zum nicht betreuenden Elternteil, schreibt Familienrechtlerin Hildegund Sünderhauf, die überwiegende Mehrheit der Eltern sei »getrennterziehend«.[29] Die Autorin hat internationale Studien zu dem Thema analysiert und die Ergebnisse in ihrer Monografie *Wechselmodell: Psychologie – Recht – Praxis* (2013)[30] veröffentlicht. Sie ist die einzige deutsche Rechtswissenschaftlerin, die sich in diesem Umfang mit dem Thema auseinandergesetzt hat.

Nach konservativen Schätzungen leben derzeit etwa knapp eine Million Minderjährige in Deutschland multilokal, heißt es auf der Webseite des Deutschen Jugendinstituts. Für eine ethnografische Studie »Multilokales Familienleben nach Scheidung oder Trennung[31] hat die Schumpeter-Nachwuchsgruppe 28 »multilokale Nachtrennungsfamiliensysteme« untersucht, um herauszufinden, welchen alltäglichen Herausforderungen Kinder und Eltern gegenüberstehen. Wie ist es zum Beispiel, zwei Zuhause zu haben? Nach einer gewissen Zeit normal, so die Ergebnisse der Studie. Die Kinder entwickelten »multiple Ortsbezüge und Zugehörigkeitsmuster«. Pendelnde Kinder können sich an zwei Orten heimisch fühlen, und dabei bleiben Vater und Mutter feste Bezugspersonen.

Zwei Zimmer, zwei Zuhause – wie fühlt sich das an?

Als ich ein Kind war, hatte ich ein Zuhause, eine feste Residenz. Bis ich 14 Jahre alt war, habe ich bei meinem Vater gelebt. In dieser Zeit habe ich meine Mutter nur besucht und dabei in frisch bezogenen Betten geschlafen, in provisorisch hergerichteten Ecken. Ich wurde liebevoll empfangen, die Arme meiner Mutter hielten mich. Ankommen bedeutete, sie zu riechen, in ihrer Nähe zu sein.

Bei meinem Vater hatte ich ein eigenes Zimmer, das ich gestaltet hatte und regelmäßig aufräumen musste. Ich erinnere mich an die geblümten Vorhänge vor meinem Fenster. Ich stand oft am Schlitz zwischen den Bahnen und habe rausgeguckt. Durch das Fenster habe ich die Nachbarskinder beobachtet, die nicht nur Brausepulver essen, sondern auch länger wach bleiben durften als ich. Ich habe mich nach ihrem Garten gesehnt, ein vertrautes Sommergefühl.

Meine Töchter habe ich lange nicht mehr so stehen sehen. Ich kann mich nicht erinnern, sie beim Sehnen ertappt zu haben, und weiß nicht, ob sie den Ausblick aus ihren Fenstern zeichnen könnten. Wissen sie, wie die Schatten wandern? Wie die Schritte unserer Nachbarin klingen? Monate nach unserem Einzug wirken ihre Zimmer immer noch gästetauglich. Bett, Tisch, Schrank. Ein Bild von Rotkäppchen, Relikt aus ihrer Kleinkindzeit, ein schiefes Urlaubsfoto, Bücher, der Rest ließe sich schnell weg- und aufräumen. Sind Martha und Louise überhaupt angekommen? Und wie fühlt es sich an, zwei Kinderzimmer zu haben? Ist eines gemütlicher als das andere?

Ich frage sie. Martha sagt, es sei wie mit einem Ferienhaus, das sie gut kenne. Das vertraut sei, das sie aber wieder verlasse. Bei dir kann ich besser einschlafen, beim Papa malen. Basteln und rumräumen. Es ist meinen Töchtern wichtig, dass ich nichts verändere. Wäscheständer stellen sie sofort in den Flur. Bügelwäsche legen sie auf mein Bett. Sie verteidigen ihren Bereich. Aber sie spannen keine Schnüre, bauen sich nichts, benutzen nur. Kaum haben sie sich eingelebt, ziehen sie weiter, es ist ein Wohnen auf Zeit.

Zum Zuhausegefühl gehöre, dass man gute und schlechte

Zeiten erlebe, mal krank sein und sich auskurieren dürfe, schreibt die Familierechtlerin Hildegund Sünderhauf.[32] Im Wechselmodell sollte das für beide Haushalte gelten: Erst wenn das Kind nicht mehr an einen anderen Ort zurückgebracht, heimgefahren werden müsse, sei es dort, wo es hingehöre. Ich stimme ihr zu, ein Zuhause ist auf gewisse Weise unausweichlich, ein Ort, vor dem man nicht davonläuft, wenn es anstrengend wird, an dem man Zeit vergeuden und träumen kann. Der einen schützt vor äußeren Einflüssen, an dem man ab und an länger verschwindet, bis man entscheidet, doch aufzustehen, sich zu waschen und anzuziehen. Aber auch wenn sich Martha und Louise manchmal langweilen, bin ich mir nicht sicher, ob sie in zwei Haushalten die Ruhe finden, die eine feste Residenz verspräche. Soweit ich mich erinnern kann, lagen sie in der Pfeiffer'schen Wohnung keinen einzigen Tag von morgens bis abends im Bett. Kein Fieber bisher, nur mal ein leichter Schnupfen. Unsere drei Zimmer waren noch nie eine Insel, die Stadt da draußen nicht wirklich fern.

Ob sie später Vielflieger sein werden, Hoteljunkies? Menschen, die schnell packen, nicht viel brauchen? Mir reicht es, meine Sachen auf dem Bett abzulegen, um anzukommen, sagt Martha, egal wo. Sie fremdelt nicht, die Fremde ist verhandelbar – und die Heimat? Ich muss daran denken, wie gemütlich räumliche Langeweile sein kann, wie aufregend der Impuls, eine Kommode umzustellen, den Tisch zu verrücken oder die Wände in einer neuen Farbe zu streichen. Ein Gefühl, das meine Kinder nicht kennen: Die Dinge sind noch nicht lange genug das gewesen, was sie sind, bevor sie sich verändern.

In unserem ersten Jahr in der neuen Wohnung wirken die Kinderzimmer wie ein Provisorium, die Kisten mit Playmobil wie das Spielangebot in einem Wartezimmer, in dem nur Erwachsene sitzen. Sind Martha und Louise bei ihrem Vater, betrete ich ihre Zimmer kaum, es ergibt sich nicht. Ich kaufe ihnen Vorhänge, Rollos, und bestelle schließlich einen Teppich. Er ist geblümt und soll in Louises Zimmer liegen, sie hat ihn ausgewählt. Heimlich hoffe ich, dass sie sich einmal an ihn erinnern wird. Daran, wie er sich anfühlte. Dass es vielleicht einen Fleck, einen Schattenwurf gab, der die Blumen in Tiere verwandelte und sie seiner irgendwann überdrüssig wurde.

Das Zuhause der Kinder ist psychologischer, nicht physikalischer Natur

Oft frage ich mich, ob ich Martha und Louise zu viel zumute. Jeden Sonntagabend denken sie darüber nach, welche Dinge sie in der nächsten Woche brauchen werden. Sie stellen sich auf ihr Vaterzuhause ein, auf andere Regeln und Gewohnheiten.

Wechseln müssen aber auch Kinder, die im Residenzmodell leben, also die meiste Zeit bei einem Elternteil wohnen und ein intensives Umgangsrecht mit dem Nichtresidenzelternteil pflegen, schreibt die Professorin für Familienrecht, Hildegund Sünderhauf.[33] Sie stellt fest, dass Multilokalität kein neues Phänomen ist, das nur im Wechselmodell auftrete: »Die Anzahl der Übergänge von einem Elternhaus zum anderen sind im Residenzmodell gleich viel oder häufig sogar mehr als im Wechselmodell.«[34] Nach 30 Jahren psychologischer Scheidungsfolgenforschung und zahlreichen Wechselmodellstudien vor allem aus den USA, Kanada und Skandinavien, nimmt die Wissenschaftlerin an, dass das paritätische Wechselmodell (die Aufteilung der Kinderbetreuung zu je 50 Prozent) dem Kindeswohl am ehesten entspricht – wenn die Rahmenbedingungen stimmen.[35] Das heißt, alle Beteiligten müssen dieses Modell wollen. Die Eltern sollten Eltern- und Partnerebene trennen können, Kooperationsbereitschaft zeigen, flexibel sein und das Betreuungsarrangement an die Bedürfnisse der Kinder anpassen – was betreuungskompatible Arbeitszeiten voraussetzt, wie Sünderhauf schreibt.[36] Vom Wechselmodell ist abzuraten, wenn ein Elternteil drogenabhängig oder gewalttätig ist, sein Kind ablehnt. Auch Familien, die Schwierigkeiten haben, zwischen ihren und den Bedürfnissen der Kinder zu unterscheiden, womöglich extrem desorganisiert sind, würden mit dem Wechsel der Kinder überfordert.

Eine emotionale Herausforderung bleibt das Pendeln in jedem Fall. Louise und Martha sind nicht nur mit den eigenen Abschieden und dem Wiedersehen beschäftigt, sie versuchen, auch Jans und meinen Erwartungen zu entsprechen. Wir sollen nicht traurig sein, uns nicht zurückgelassen fühlen, nicht den Eindruck haben, das andere Elternteil würde vorgezogen.

Mit der Zeit verstehe ich, dass verbindliche Absprachen helfen, unsere Emotionen zu lenken. Je weniger meine Töchter entscheiden müssen – sollten wir in dieser Woche besser schon samstags wechseln, weil Papa arbeiten muss?

Sollten wir den Muttertag nicht mit Mama verbringen? – desto sicherer können sie sich zwischen den Haushalten bewegen. Einmal Vereinbartes spricht sie davon frei, Prioritäten setzen zu müssen. Ein fester Rhythmus macht ihnen das Pendeln selbstverständlich. Nur selten erwähnt Louise ein Sonntagsgefühl, Bauchweh, das der neuen Schulwoche und dem bevorstehenden Wechsel vorausgeht.

Kehren sie nach einer Woche zurück, bewegen sie sich durch die Räume, als wären sie nie fort gewesen. Nie beobachte ich ein Fremdeln mit dem neuen und doch vertrauten Ort. Oder mit mir. Die Beziehungskontinuität, schreibt Hildegund Sünderhauf, sei wesentlich wichtiger als die Kontinuität der Wohnung.[37] Laut einer Studie von Christina Klenner, Gender-Expertin des Wirtschafts- und Sozialwissenschaftlichen Instituts (WSI) der Hans-Böckler-Stiftung, ist der von Kindern benötigte Lebensmittelpunkt kein physikalischer Lebensraum, sondern ein psychologischer.[38]

Freunde, Lehrer und auch meine Eltern empfinden den Lebensmittelpunkt immer noch als das Wertvollste im Leben eines Kindes. Und den Kindern ist das nicht zu viel, fragen sie besorgt. Hinter den Fragen die Erwartung, dass ich von schlechten Noten erzähle, von blassen Gesichtern und auffälligem Verhalten. Von den schlimmen Dingen, die einen treffen, wenn man als Familie nicht mehr an einem Ort lebt. Aber Martha und Louise geht es gut. Sie kommen fröhlich und gehen leicht, weil sie sich auf ihren Vater freuen. Auf die Patchworkgeschwister, die Villa Kunterbunt, in der sie zu sechst leben.

Nur manchmal sagen sie, dass sie bleiben möchten, weil sie sich gerade an alles gewöhnt hätten. Doch es ist Mon-

tag, also gehen sie. Sie lassen angefangene Zeichnungen liegen, und das Buch? Bleibt zurück, es ist zu schwer. Wirst du
Cello üben, Louise? Mal sehen. Mit jeder Woche wechseln
die Regeln und Gewohnheiten. Projekte, die nicht in Kursen
unterrichtet werden, sind kaum durchzuhalten. Instrument
spielen geht, Sport auch, alles andere wird vergessen, Verabredungen verschoben: Sehen wir uns nächste Woche? Ich
weiß nicht, ich bin beim Papa. Die Mädchen sagen es leicht
hin, so ist es eben.

Ob sie als Erwachsene Montage hassen werden, frage ich
mich, sehe dafür aber keine Anzeichen. Ein Schultag trennt
ihre Elternhäuser, sechs Stunden Unterricht liegen zwischen der Vater- und der Mutterwelt. Das macht es einfacher. Morgens ein Kuss, der nun ein paar Tage länger halten
muss. Kein dramatisches Winken, kaum Gepäck, und doch
die vertraute Schwere im Magen, die Erinnerung an eigene
Wechsel. Die sonntägliche Rückfahrt einmal oder zweimal
im Monat, wenn ich meine Mutter besuchte, das Rot der
Ampeln durch verheulte Augen zu Streifen gezogen, Lak-
ritzbonbon im Mund.

Nein, ich pfeife auf die Lebensmittelpunktler. Lieber
nehme ich Halbfertiges und Liegengelassenes in Kauf, lieber zwei Zimmer und zwei Eltern als von beidem nur eines.
Ob Martha und Louise ähnlich empfinden? Das werde ich
sie fragen, sobald sie verstanden haben, dass ihr Leben
nicht so normal ist, wie sie behaupten.

Sollte das Wechselmodell zur Standardlösung werden?

Ich begegne Martha und Louise auch in der Vaterwoche. Haben sie eine Nachmittagsveranstaltung, ein Schwimm- oder Zirkustraining, Cellounterricht, so kommen sie vorher in unsere Wohnung, die in der Nähe der Schule liegt. Sie bringen Klassenkameraden mit und kochen, besonders gerne, wenn ich nicht zu Hause bin. Einmal stolpere ich über einen Turm leerer Pizzakartons. Auf meine Nachfrage erfahre ich: War nur Requisite, hat Arthur mitgebracht. Sie haben mit ihren Handykameras einen Film gedreht. Ich freue mich über ihre Spuren, sie verweben unsere Leben und verdichten das, was in der Fachsprache »haushaltsübergreifende Lebensführung« genannt wird. Sie ist möglich, weil Jan und mich nur eine kurze Tramfahrt trennt, zur Schule laufen Martha und Louise in zehn Minuten. In dem Survey *Aufwachsen in Deutschland: Alltagswelten (AID:A)* von 2009 hat das Deutsche Jugendinstitut die Daten von 25 000 getrennten Eltern und ihren Kindern ausgewertet und herausgefunden, dass 36 Prozent der Väter und Mütter nach der Trennung sich täglich oder mehrmals in der Woche sehen, wenn sie nah beieinander wohnen.[39] Die räumliche Nähe ist nicht nur praktisch, sie hat auch eine gedankliche Wirkung: Jan und ich sind in den kinderlosen Wochen nicht *aus der Welt*.

Auf diese Weise können wir die emotionale Bindung, die wir vor der Trennung zu den Kindern hatten, weiter aufrechterhalten, während wir beide berufstätig, beide erziehend sind – wie viele Elternpaare in den westlichen Industrienationen. Hier sei ein rasanter Anstieg der Bedeutung der Wechselmodellthematik zu beobachten, schreibt die Wissenschaftlerin Hildegund Sünderhauf.[40]

Zu diesem Ergebnis kommen auch Sabine Walper und Ulrike Lux, Forschungsdirektorin und wissenschaftliche Referentin am Deutschen Jugendinstitut. In der Fachzeitschrift *frühe Kindheit* (02/2016) haben sie internationale Forschungsergebnisse zum Wechselmodell zusammengetragen. So ist das Wechselmodell in Schweden bereits die häufigste Betreuungsform bei getrennt lebenden Eltern, in Australien seit 2006 gesetzliche Vorgabe. Ebenso in Belgien, wo 33 Prozent der Jugendlichen zwischen 12 und 18 Jahren von beiden Eltern betreut werden.[41]

Die Wechselmodelle der einzelnen Länder unterscheiden sich allerdings. Internationale Vergleiche sollte man mit Vorsicht betrachten, schreiben die Autorinnen. In manchen Ländern würden Arrangements von mehr als 30 Prozent der Übernachtungen bei jedem Elternteil bereits als Wechselmodell angesehen. In Deutschland hingegen bedeutet das Wechselmodell, sich die Betreuung der Kinder genau hälftig zu teilen.

Eine Lösung, die immer häufiger gewählt wird, deren Verbreitung mit der Entwicklung des jeweiligen Familienrechts zusammenhängt. Länder wie zum Beispiel Frankreich, Belgien, Dänemark, Schweden, Norwegen, Italien, Spanien, Kanada, Australien und das Ursprungsland des Wechselmodells, Amerika, haben es gesetzlich verankert. Das ist im deutschsprachigen Raum noch nicht der Fall. Politiker befürchten, die Sozialkassen könnten beim Paritätsmodell stärker beansprucht werden, da meist wenig oder kein Unterhalt gezahlt wird. Auch Juristen äußern Bedenken, die Betreuung des Kindes im Wechselmodell gegen den Willen eines Elternteils durchzusetzen. Sie orientieren sich mehrheitlich am Residenzmodell, bei dem das Kind schwerpunktmäßig bei einem Elternteil lebt. Erst langsam positionieren sich immer mehr Gerichte pro paritätische Elternschaft.

Im April 2016 hat der FDP-Bundesfachausschuss Familie, Frauen, Senioren und Jugend gemeinsam mit seinen Landesverbänden Hamburg und Brandenburg einen Antrag gestellt. Die Partei möchte das Wechselmodell als gesetzlichen Regelfall festschreiben. Sie fordert eine Wende im Familienrecht, nachdem sich auch der Europarat dafür ausgesprochen hat, die paritätische Doppelresidenz in den nationalen Gesetzen zu verankern: »Für jeden Elternteil und sein Kind ist die Möglichkeit, zusammen zu sein, ein wesentlicher Bestandteil des Familienleben. Eltern-Kind-Trennung hat unheilbare Auswirkungen auf ihre Beziehung. Eine solche Trennung sollte nur von einem Gericht und nur unter außergewöhnlichen Umständen mit ernsten Risiken für das Wohl des Kindes angeordnet werden«, heißt es in der einstimmig verabschiedeten Resolution 2079 vom 2. Oktober 2015.

Doch nicht nur Juristen haben weiterhin Bedenken, das Wechselmodell zum Standard zu erklären. Auch Soziologen und Pädagogen wie die Forschungsdirektorin am Deutschen Jugendinstitut, Sabine Walper, äußern sich zurückhaltend. Gegenüber der Zeitung *Die Welt* vom 21.04.2016 sagte die Wissenschaftlerin: »Früher dachte man ja auch, das gemeinsame Sorgerecht würde viele Konflikte heilen.

Das war nicht der Fall. Jetzt werden an das Wechselmodell ähnliche Erwartungen geknüpft.[42]

Aber ist nicht jede richterliche Anordnung, die das Umgangs- und Sorgerecht betrifft eine große Herausforderung für die Eltern? Wird sich nicht jede Verabschiedung des Kindes wider Wunsch und Wille der Eltern auf das Kindeswohl auswirken, völlig gleich welcher Betreuungsform damit entsprochen werden soll? Nachtrennungsfamilien unterscheiden sich, ihre Lösungsansätze gehen weit auseinander. In dieser Betreuungsvielfalt anzunehmen, dass sich Mutter und Vater gleichermaßen verantwortlich fühlen, ihr Kind paritätisch betreuen wollen, scheint mir eine natürliche Basis zu sein, von der aus individuelle Modelle entwickelt werden können.

Noch sind Teilzeit-Mütter und -väter eine Ausnahme. Das Modell des hauptverantwortlichen Kümmerers (Mutter plus Wochenendvater) hat sich wie Rost im Gesellschaftsgetriebe festgesetzt. Andere Umgangsregelungen werden beäugt wie fixe Ideen. So kann das Kind nur bei einem Elternteil gemeldet sein, auch gibt es bisher keinen Anspruch auf anteiliges Kindergeld. Ausgezahlt wird es an die Person, in deren Haushalt das Kind lebt – in unserem Fall wird es auf das gemeinsame Kinderkonto überwiesen.

Ob das geändert werden sollte, will das Familienministerium überprüfen. Ministerin Manuela Schwesig (SPD) hat deshalb das Zentrum für Klinische Psychologie und Rehabilitation der Universität Bremen damit beauftragt herauszufinden, wie sich die unterschiedlichen Umgangsformen auf die Kinder auswirken. Die Forschungsgruppe Petra befragt dazu 1200 Trennungsfamilien, Ergebnisse werden für

2018 erwartet. Dann erst will die Familienministerin entscheiden, ob Gesetzesänderungen sinnvoll sind.

Und wer zahlt welchen Unterhalt?

Mütter wie Väter befürchten im Wechselmodell einen finanziellen Nachteil. Mütterverbände werfen Vätern vor, sich um den Unterhalt drücken zu wollen, während Väter bemängeln, trotz ihrer Mehrverantwortung zahlen zu müssen. Tatsächlich geht die Rechtsprechung immer noch davon aus, dass ein Elternteil das Kind voll betreut und das andere zahlt. In Paragraf 1606 des Bürgerlichen Gesetzbuches, Satz 3,2 heißt es: »Der Elternteil, der ein minderjähriges unverheiratetes Kind betreut, erfüllt seine Verpflichtung, zum Unterhalt des Kindes beizutragen, in der Regel durch die Pflege und die Erziehung des Kindes.«

Teilen sich die Eltern die Betreuung paritätisch, so sind beide gleichermaßen barunterhaltspflichtig. Doch sobald die Betreuungszeit nicht mehr 50 zu 50 sondern 60 zu 40 Prozent geregelt ist, muss derjenige, der weniger Zeit mit dem Kind verbringt, in vollem Umfang Unterhalt zahlen. Das sind meistens die Väter. Was fehlen, sind Abstufungen. Nur zögerlich werden Väter entlastet, die gegen diese Regelung geklagt haben, weil sie ihre Kinder in erheblichen Umfang selbst betreuen.

Dem deutschen Familiengerichtstag, ein Forum von FamilienrechtlerInnen, ist das Problem bekannt. In Arbeitsgruppen wird darüber nachgedacht, wie das Unterhaltssystem gerechter gestaltet werden kann. Auch der

Interessenverband Unterhalt und Familienrecht (ISUV) kämpft für ein flexibleres Unterhaltsrecht. Für Eltern, die mindestens 30 Prozent der Betreuung übernehmen, sollen Unterhaltszahlungen stufenweise angepasst werden, fordert der Verband, der mit einer Online-Petition für das Wechselmodell wirbt.

Familienrechtlerin Hildegund Sünderhauf fordert eine Änderung des Paragrafen 1606, was Jahre dauern wird, da die Rechtsprechung nur vorsichtig auf gesellschaftliche Veränderungen reagiert. Das Gesetz ginge hier von jahrzehntealten Familienmodellen aus, die nicht mehr der Lebenswirklichkeit entsprächen und die viele Eltern frustrierten, sagte Sünderhauf 2015 in der Sendung »Wahnsinn« im Bayerischen Fernsehen. Die notwenigen Änderungen betreffen nicht allein das Unterhaltsrecht. Auch Steuer- und Sozialrecht müssten angepasst werden: Bisher kann zum Beispiel nur ein Elternteil den Alleinerziehenden-Freibetrag beantragen. Gerechterweise müsste er allerdings für beide Teilzeiteltern gelten, schließlich kommt jeder zu seinen Zeiten für das Kind auf.

Da Jan und ich ein sogenanntes echtes Wechselmodell leben, sind wir barunterhaltspflichtig, das heißt, wir betreuen Martha und Louise zu gleichen Teilen und kommen beide für sie auf. Wir sorgen für sie in zwei verschiedenen Wohnungen, die Verantwortung für die Betreuung tragen wir hälftig. Keiner verlässt sich auf eine wie auch immer geartete Mehrarbeit des anderen. Wir finanzieren unsere Leben mit und jede zweite Woche ohne Kinder, sind unabhängig voneinander und doch verwickelt.

Monatlich überweisen wir Geld auf ein gemeinsames

Kinderkonto, womit wir den Zusatzbedarf bezahlen: Zahnspangen, Schulkosten, Sport- und Musikunterricht, Schuhe, Geburtstagsfeiern. Jan verdient mehr als ich, er zahlt mehr auf das Konto ein. Diese Summe ist nicht das Ergebnis einer Kalkulation, sondern das eines von Jan gefühlten Solls.

Nach der Rechtsprechung wird der Unterhalt bemessen, indem man die Einkommen der Eltern addiert und auf der Düsseldorfer Tabelle nachschlägt, welcher Unterhalt dieser Summe entspräche. Auf den Unterhalt werden die Mehrkosten aufgeschlagen, Fahrtkosten, doppelte Zimmer, und dann wird berechnet, welches Elternteil wie viel bezahlen muss. Das ist abhängig vom bereinigten Nettoeinkommen. Davon werden 1080 Euro Selbsterhalt abgezogen, die verbleibenden Beträge in Relation zueinander gesetzt. Im paritätischen Wechselmodell zahlen beide Elternteile gleich viel, wenn sich ihre Einkommen gleichen. Wer mehr verdient als der andere, zahlt auch mehr.

Davon erfahre ich erst während der Recherche für dieses Buch. Jan und ich einigen uns gütlich. Überweise auf das Kinderkonto, so viel du kannst, seine Worte. Wir überschlagen den Bedarf der Kinder, überlegen, wer was übernehmen könnte, ohne zu verarmen. Wir kooperieren – wie viele Teilzeiteltern. Im Wechselmodell werden nicht nur weniger Unterhaltszahlungen vereinbart. Sie werden auch seltener zur Streitsache vor Gericht, schreibt Hildegund Sünderhauf in *Wechselmodell: Psychologie – Recht – Praxis*.[43]

Und dennoch verändert sich mein finanzielles Empfinden nach der Trennung. Ich war lässiger, als Jan und ich uns das Risiko teilten. Wir waren gut im Dispotanzen. Über die eigenen Verhältnisse zu leben war nicht bedrohlich – zu zweit. Nach 15 gemeinsamen Jahren trage ich die Verantwortung für mein Auskommen nun allein. Ich weiß nichts mehr über Jans Kontostand und er nichts über meinen. Was bleibt, sind Vermutungen.

In der Erschöpfung des Alltags meine ich zu erkennen, dass es ihm besser geht, dass er es leichter hat. Wie, du kaufst im Bioladen ein? Ihr fahrt schon wieder weg? Einmal telefoniere ich mit Jan, während er Fastfood beim Afghanen bestellt. Ich höre den Verkäufer sagen: 35,80 Euro und stürze in eine Krise. So viel Geld für zwei Portionen in Styropor? Wie reich seid ihr denn? Komische Angst, der andere könnte es leichter haben. Komisch, sich durch das Glück des Expartners im Nachteil zu fühlen. Warum werden wir heimlich kleinlich, irgendwie hässlich?

Ich wehre mich gegen dieses Misstrauen und bitte eine dritte, unbeteiligte Person, unsere finanzielle Vereinbarung zu beurteilen. Sie als realistisch, gerecht oder ungerecht einzustufen. Im Familiennotruf München, einer Beratungsstelle für Partnerschaftskrisen, Trennung und Scheidung, schauen wir zusammen mit einer beratenden Anwältin und Mediatorin auf unsere Konten, auf Einnahmen und Ausgaben, den Bedarf der Kinder.

Nach unseren Gesprächen bin ich beruhigt. Zwei Jahre nach meinem Auszug haben wir endlich ausgerechnet, wie viel Geld ich monatlich auf das Kinderkonto überweisen kann, wer in Zukunft welche Kosten übernimmt. Die Ergebnisse nimmt meine persönliche Anwältin in den Scheidungsantrag auf, den sie anschließend einreicht. Unsere vorab getroffenen Vereinbarungen sollen die Gerichtskosten möglichst gering halten: Wir streiten um nichts.

6 Großfamilie, ein Versuch

Getrennt gemeinsam erziehen bedeutet, sich auszutauschen

Die Kinder pendeln zwischen zwei Haushalten, die unterschiedlicher nicht sein könnten. Sie leben abwechselnd in einer Villa Kunterbunt zusammen mit ihren Patchworkgeschwistern, Jan und Anna und in der Pfeiffer'schen Wohnung mit mir. Für uns Eltern steht fest, dass wir diese Aufgabe nur gemeinsam schaffen, indem wir unsere Beobachtungen austauschen. Versuchen, Rücksicht zu nehmen auf unsere unterschiedlichen Bedürfnisse und den Alltag nicht aneinander vorbei zu organisieren. Wir müssen uns miteinander beschäftigen, begreife ich.

Laut einer australischen Studie von 2009 tauscht sich die Mehrheit der Teilzeiteltern mindestens einmal pro Woche aus. Es ist anzunehmen, dass sie sich weniger streiten als Eltern, die das Residenzmodell leben, das legen Untersuchungen nahe. Einige Experten erklären deshalb, Eltern müssten zu enger Kooperation bereit sein, damit das Wechselmodell gelingen könne. Für streitende Eltern – und das sind ungefähr 5 Prozent der Trennungspaare in Deutschland – sei das Modell ungeeignet. Dem widerspricht Hildegund Sünderhauf: »Viele Studien deuten darauf hin, dass auch Eltern mit stark konfliktgeprägter Beziehung ihre Kinder zu deren Vorteil im Wechselmodell betreuen können«, schreibt die Familienrechtlerin in der Fachzeitschrift *frühe Kindheit*.[44] Bei sogenannten Hochkonfliktfamilien könne der positive Effekt des vermehrten Kontakts zum Nichtresidenzelternteil die negativen Effekte der Konfliktbelastung teilweise kompensieren.

Wir streiten nicht. Uns eint der Wille, als eine große Familie so nah wie möglich zusammenzurücken, trotz unterschiedlicher Haushalte, neuer Bezugspersonen, alter Geschichten und Gewohnheiten. Jan und Anna laden mich oft zu sich ein. Zum Essen. Zum Spazierengehen, zu Ausflügen. Sie stellen sich vor, wie es wäre, zusammen in die Ferien zu fahren. In einem Haus zu wohnen. Wir wollen unsere Patchworksituation besser gestalten als unsere Eltern, die sich alle getrennt haben und von denen die meisten bis heute kaum miteinander kommunizieren.

Anna ist jetzt die sogenannte Bonusmutter meiner Kinder, und als solche möchte sie mich kennenlernen. Sie räumt mir einen großen Platz ein in unserem Gefüge, das spüre ich, lese ich im Verhalten meiner Töchter. Zu keiner Zeit mache ich mir Sorgen, Anna könnte sie vereinnahmen, sie mir streitig machen. Kurz nach meinem Einzug in unsere eigene Wohnung fehlen mir Töpfe, und da Anna zu viele besitzt, schenkt sie mir einige. Anna ist Goldschmiedin und repariert mir eine Kette. Anna denkt daran, an meinem Geburtstag mit Martha und Louise einen Kuchen zu backen und sie vor der Schule zu mir zu schicken. Ich beobachte, wie unsere vorsichtige Freundschaft die Kinder erleichtert.

Unter guten Voraussetzungen bemühen wir uns, ihnen eine elterliche Einheit zu sein. Unsere Situationen aber unterscheiden sich. Während Anna regelmäßig mit meinen Töchtern zusammenlebt, treffe ich ihre Kinder nur selten. Ihre Familie ist nicht meine, ich wachse nicht mit ihr zusammen, nicht zwangsläufig und nicht einfach so. Meine Kooperationsbemühungen beziehen sich vor allem auf meine Töchter und weniger auf die neue Familie ihres Vaters.

Wiederholt habe ich das Bedürfnis, mich abzugrenzen. Den nüchternen Moment vorzubereiten, in dem ich feststelle, ich gehöre nur bedingt dazu: Irgendwann nach dem gemeinsamen Essen ist es Zeit für mich, nach Hause zu gehen. Jan, Anna und die Kinder sind eine Familie mit neuen Gewohnheiten und Ritualen. Jeden zweiten Montagabend halten sie eine Familienkonferenz. Mein Familienunternehmen ist überschaubarer. Ich bemühe mich um Normalität, indem ich Martha und Louise erkläre: Was früher galt, gilt auch jetzt. Und ich beobachte, manches lässt sich zu dritt einfacher durchsetzen als in einer sechsköpfigen Familie: Schlafens- und Handyzeiten. Hilfe im Haushalt.

Eigentlich haben Anna, Jan und ich ähnliche Vorstellungen davon, wie wir Familie leben wollen, und wir lernen: Sie in zwei verschiedenen Haushalten zu realisieren, ist eine Herausforderung, der wir nur gerecht werden, wenn wir uns regelmäßig austauschen.

Familienmediation hilft

Jan und ich mussten unsere gemeinsame Sprache erst verlieren, um zu einer neuen Kommunikation zu finden. In den Wochen der aktiven Trennung standen wir uns verständnislos gegenüber. Der Mann, der mich 14 Jahre wortlos verstehen konnte, schien mich nicht mehr wahrzunehmen. Als er an jenem Abend mit den Kindern zu seiner Mutter fahren, sie mir entziehen wollte und ich die Polizei rief, wusste ich: Wir brauchen Hilfe. In Angst wandte ich mich an meine Anwältin, sie empfahl mir die Beratung durch den Familiennotruf München, der sich an Menschen in Partnerschaftskrisen, Trennung und Scheidung richtet.

Ich kann mich nicht daran erinnern, dass meine Eltern ein entsprechendes Angebot wahrgenommen haben, sie hätten es gebraucht. Doch Mitte der 1980er-Jahre war Familienmediation nicht so verbreitet wie in der Gegenwart. Alle großen Wohlfahrtsverbände wie Caritas, Diakonie, Profamilia und AWO sowie kirchliche Einrichtungen und private Vereine bieten Trennungs- und Scheidungsberatung an. In manchen europäischen Ländern wie zum Beispiel Norwegen ist die Teilnahme getrennter Eltern an diesen Gesprächen verpflichtend und kann gerichtlich angeordnet werden.

Beim Familiennotruf München berät ein Team aus Sozialpädagogen, Psychologen und Juristen getrennte Eltern und solche, die darüber nachdenken. Sie unterstützen die Paare dabei, die Betreuung der Kinder zu lösen und Konflikte zu entschärfen, bevor sie sich zu juristischen Verfahren auswachsen. Außerdem wird ein Gruppenkurs angeboten, in dem Eltern trainieren, die Bedürfnisse ihres Kindes auch in der Trennungsphase nicht aus dem Blick zu verlieren. Ein weiterer richtet sich an zusammengesetzte Familien, die sich mit den neuen Aufgaben und Herausforderungen auseinandersetzen möchten. Das Angebot richtet sich auch an Kinder, mit denen separate Gespräche geführt werden. Andere Einrichtungen wie der Deutsche Kinderschutzbund versuchen in Gruppen, den Kindern bei der Bewältigung der Trennung der Eltern zu helfen, indem sie ihr Selbstwertgefühl stärken und ihnen zeigen, dass sie nicht alleine sind mit ihren Gefühlen.

Ich greife nach diesem Hilfenetz, das für zerbrochene Familien wie uns ausgeworfen wird, und bin froh, dass ich es einfach so in Anspruch nehmen darf, um eine Spende wird gebeten. Und dann möchte ich doch wieder gehen, als ich den Raum sehe. Zwei Stühle, ein Tischchen in der Mitte, darauf die Box mit Taschentüchern. Nein danke, mir geht es spontan viel besser! – aber da dreht sich Frau Frau N. auf ihrem Bürostuhl herum und fragt: Sind Sie hier, um Ihre Beziehung zu retten oder wollen Sie sich trennen? Trennen, sage ich. Retten, sagt Jan. Er hat einen Brief an mich geschrieben, den er jetzt vorlesen möchte. Bisschen seltsam, finde ich, findet Frau N., aber hier darf sich jeder auf seine Weise äußern.

Seine Zeilen klingen wie ein Gerichtsurteil. Sie klagen mich an als verantwortungslosen Eheflüchtling. Er faltet das Papier zusammen und steckt es in die Tasche, die neben seinem Stuhl steht. Wir schweigen. Ich schaue Frau N. an, die uns gegenübersitzt und ungefähr so unbeeindruckt wirkt wie die Grünpflanze neben ihrem Schreibtisch. Sollte ich dazu jetzt etwas sagen? Mich rechtfertigen?

Frau N. steht auf und malt mit breitem Edding auf ein Flipchart. »Das sind Sie als Paar«, sagt sie und zieht Kreise um unsere Namen, »das sind Sie als Eltern«, ein anderer Kreis, eine andere Ebene. Draußen liegt Schnee, ein bisschen davon noch unter meinem Schuh, er hinterlässt kleine Pfützen auf dem Parkett. Zweieinhalb Jahre liegt dieser Termin zurück, seitdem haben wir oft auf Flipcharts geschaut. Haben Ebenen betrachtet, die in der Wirklichkeit schwer einzuhalten sind. Neue Namen sind dazugekommen, neue Kreise, die sich überlappen. Wir nennen es Familie und versuchen, uns alle in einen großen Kreis zu zwängen, indem wir zusammen Feste feiern, Ausflüge machen, reden.

Die meiste Zeit schaffen wir das ohne einen Vermittler. Wir sind ehrlich zueinander, manchmal brutal offen. Wir wollen es unseren Kindern leicht machen. Sie sollen unbeschwert wechseln können zwischen ihren Eltern. Sehen, dass wir uns wertschätzen, der eine mit der Lebenswelt des anderen einverstanden ist. Dafür hängen wir uns mächtig rein. Bis es wehtut.

Wir verlieren die Orientierung in diesem Kreis, der eigentlich aus mehreren besteht. Manchmal, wenn ich Jan und Anna besuche, fühle ich mich wie ein verwandtschaftliches Überbleibsel aus einer vergangenen Zeit. Geduldet, bis es Zeit ist, nach Hause zu gehen. Mir verrutscht dann der Mut, mein Blick verdunkelt sich. Ich vereinzele zwischen meinen Töchtern, wähne mich übergangen.

Deshalb lassen wir ab und zu einen dritten Menschen vermitteln. In unregelmäßigen Abständen, meist nach einem Streit, einer vorübergehenden Enttäuschung, schreibe ich Frau N. eine E-Mail und bitte um einen Termin. Ich erzähle dann von unserer schlechten Kommunikation, von acht-losen Sätzen, heimlich auf Fürsprache hoffend. Sie bleibt aus. »Niemand erklärt Sie zu einem Überbleibsel«, sagt Frau N., »das machen Sie schon selbst.« Sie fragt: »Warum mu-ten Sie sich so viel zu? Nur indem Sie sich abgrenzen, kön-nen Sie eine Familie sein«, erklärt sie und zieht am Flipchart Kreise nach, Familiensysteme, die einmal für sich standen. Jeder breite Strich eine Trennung, so war es, so ist es nicht mehr. Und akzeptieren wir das, könnte etwas Neues entste-hen, Frau N. verbindet Kreise mit Pfeilen.

Sie macht uns begreiflich, dass uns der Wunsch, über die Haushalte und alten Verhältnisse hinweg eine große, dichte Familie zu bilden, in Situationen bringt, die uns überfor-dern. Weihnachten zum Beispiel, sagt Frau N., sei per se ein kompliziertes Fest. Es als Teilzeiteltern mit einer Patch-workfamilie samt den Großeltern des Expartners zu bege-hen – sei erklärtermaßen ein Turnier, das man verlieren müsse. Frau N's Worte trösten uns. Wir lachen gemeinsam, oft. Wir erzählen ihr, wie wir waren, um herauszufinden, wie wir jetzt sein können. Gut waren wir eigentlich, stellen wir fest. Wir erinnern uns an das, was uns verbindet. Frau N. würde sagen: was uns als Eltern stärkt.

Können nur konfliktfreie Paare das Wechselmodell leben?

Da Jan und ich gerne und oft miteinander reden, haben wir als Teilzeiteltern gute Chancen, das Wechselmodell wei-testgehend konfliktfrei zu leben. Komplizierter wird es für

Elternpaare, die mit alten Kränkungen kämpfen, sich streiten oder sogar hassen. Sie können nicht mit dem guten Willen ihres Gegenübers rechnen, und das erfordert genaue Absprachen. Manche Experten sind deshalb der Meinung, nur gut kommunizierende Paare könnten das Wechselmodell leben. Die häufigen Wechsel der Kinder, der scheinbar erhöhte organisatorische Aufwand durch zwei Haushalte setze voraus, dass Vater und Mutter gut kooperierten. Wie bereits erwähnt, ist Hildegund Sünderhauf zu einem anderen Ergebnis gekommen. In ihrer Publikation *Wechselmodell: Psychologie – Recht – Praxis* zitiert sie Studien, die diese Annahme widerlegen. So wurden vor zehn Jahren die Charakteristika erfolgreicher Wechselmodelleltern untersucht und festgestellt, dass manche von ihnen schlecht kommunizieren, sich sogar streiten. Das Verhältnis der Teilzeiteltern ist damit nicht ausschlaggebend für den reibungslosen Ablauf wie auch immer getakteter Wechsel. Viele Eltern schreiben E-Mails oder SMS und weichen direkter Kommunikation aus. Hildegund Sünderhauf macht drei Vorschläge, wie strittige Paare eine Eskalation umgehen könnten. Indem sie nämlich erstens schriftlich kommunizieren, zweitens auf Informationsgespräche bei der Übergabe verzichten und drittens die Verantwortungsbereiche klar aufteilen.[45]

Meinem Empfinden nach sind das Notfallmaßnahmen, die in jedem Fall helfen, nicht aber die Gespräche ersetzen, die Hochstrittige (wie verkrachte Elternpaare in der Fachsprache heißen) wahrnehmen sollten. »Gerade in hoch belasteten Familien«, schreibt Sünderhauf, »werden auch Angebote für Kinder empfohlen, um in Kursen, einzeltherapeutischen Sitzungen und in Scheidungskindergruppen ihre persönlichen Ressourcen zu stärken.«[46]

Mediationsgespräche werden jeder Nachtrennungsfamilie helfen, ob sie mit heftigen Konflikten kämpft oder nicht. Auch wenn Elternpaare sich wohlwollend begegnen, sind die Bedürfnisse vor allem in neu zusammengesetzten Familien so vielschichtig, dass es sich lohnt, sie in Ruhe zu betrachten. Jan und ich fühlen uns nach jedem Termin gestärkt, dabei verlassen wir Frau N's Büro nicht jedes Mal mit einem konkreten Ergebnis und reichen Frau N. beschwingt die Hand. Im Gegenteil, ich schwitze, die Vergangenheit strengt mich an wie Sport. Draußen umarme ich Jan, dann stehen wir rum. Manchmal bedauern wir, an anderen Tagen lachen wir: Wir beginnen uns zu vergeben.

Und wie geht das jetzt, Pendeln im Patchwork?

Halb neun, Mittwochabend, Bar du Port. Wir wollen die Sommerferien besprechen. Anna und Jan kommen, sie müssen nur die Straße überqueren, Louise winkt ihnen aus dem Fenster hinterher und mir zu. Ich liebe dich, rufe ich, und schiebe hinterher: Es ist Schlafenszeit! Dann setze ich mich auf einen der Hocker neben Jan. Der Vater von Annas Kindern, Hannes, sitzt mir gegenüber. Ich sehe ihn zum ersten Mal. Seltsames Gefühl, jemandem die Hand zu geben, der nun zur Familie gehören soll. Als wäre er ein Onkel, der jahrelang verschwunden gewesen wäre, oder von allen gemieden, der jetzt plötzlich auftauchte und wie selbstverständlich teilnähme an den Sorgen und Freuden, die uns bewegen. Spielt das eine Rolle, frage ich mich kurz, dass wir ex-paarweise sitzen? Wir bestellen Gin Tonic und versuchen zu planen, niemand ist besonders diszipliniert. Geschichten. Lachen. Noch eine rauchen.

Wir könnten Kollegen sein. Freunde. Wir sind Familie, eine geflickte. Patchwork. Wollte ich nie. Das sind die, die es nicht geschafft haben, so dachte ich früher. Wenn ich versuche, meine Familiengeschichte zusammenzufassen und von verschiedenen Hochzeiten und Trennungen erzähle, von Umzügen und Schulwechseln, kommen die Menschen durcheinander. Deshalb erkläre ich meine Kindheit meist so ruhig wie eine Krankheit, von der man gehört hat, deren Symptome man allerdings nachschlagen müsste. Meine Töchter sollten eine andere Geschichte haben.

Ich schaue mich um. Wir sitzen auf niedrigen Hockern und balancieren Notizbücher auf unseren Knien. Albern irgendwie, ich muss lachen. Vier Erwachsene, die überlegen, welches Kind in Woche drei zu seiner Großmutter fahren könnte, welches lieber zum Zelten, als wären wir Pädagogen. Nein, wir haben es nicht geschafft. Jedenfalls nicht so, wie ich es mir vorgestellt habe. Wir reden miteinander, immerhin. Jans Eltern können das nicht mehr, Annas auch nicht, meine inzwischen wieder. Wir werden andere Fehler machen, sicher, auch wir wissen nicht, was gutes Patchwork ist, weil uns Schnittmuster fehlen. Aber wir haben Ideen, das begreife ich an diesem Abend. Und wenn ich will, kann ich in ihnen mehr sehen als einen Kompromiss.

Dafür muss ich mir Mühe geben. Als Teilzeit-Mutter muss ich mich häufiger entscheiden. Die Erziehung meiner Töchter ist kein stilles Einvernehmen mehr zwischen Jan und mir. Ich kann nicht mehr erlauben oder verbieten, wie oder was ich will, jedenfalls nicht alles. Ich muss mich mit Jan und Anna absprechen. Da auch Annas Kinder das Wechselmodell leben, gehört ihr Exmann Hannes zum Elternkollektiv, das wir nun sind. Hannes hat ein weiteres Kind, es ist behindert und pflegeintensiv. Hinter unseren drei Haushalten steht also eigentlich ein vierter, der berücksichtigt werden will. Als Manager kleiner Unternehmen versuchen wir, Wohl und Entwicklungsmöglichkeiten unserer Kinder zu synchronisieren, indem wir gemeinsam Regeln aufstellen, Werte definieren, Haltungen einnehmen. Das ist jedenfalls der Plan, deshalb beginnen wir, uns alle paar Wochen zu treffen. Es sind kleine Elternabende, die sich von den »großen« darin unterscheiden, dass meist Alkohol getrunken wird und wir sie leichthin gemeinsame Essen nennen.

Ich kenne niemanden, der ein entspanntes Verhältnis zu schulischen Elternabenden hat. Sie beschäftigen uns, weil wir unwiderruflich mit drinhängen. Es geht um unsere Kinder. Das Phänomen dieser Abende lässt sich so zusammenfassen: Man möchte gehen, darf aber nicht. Auch mein Fluchtreflex ist ziemlich ausgeprägt. Zu den Elternabenden in der Schule komme ich spät und gehe mit den Ersten. Ich schweige und beobachte, mein Herz klopft schnell. Manchmal schwitze ich. So wie die bin ich nicht, denke ich und will mich abgrenzen. Ich schäme mich fremd. Bin aufgeregt und langweile mich. Ich beobachte, wie wir alle im Stuhlkreis eine bestimmte Rolle spielen, die Nörgelnde, die Diplomatische, der Skeptiker, Rollen, die ich in unserem privaten Elternkollektiv wiederfinde.

Bei einem gemeinsamen Essen besprechen wir die Mediennutzung unserer Kinder. Ich habe beobachtet, dass Martha und Louise in der Vaterwoche lange online sind. Bis zehn. Oder elf. Warum, frage ich Jan. Hatten wir nicht vereinbart, dass die Smartphones ab dem Abendbrot in der Küche verbleiben? Rechthaberisches Bohren, Jan stimmt mir zu, laviert. Die hartnäckige Kontrolle, die diese Regel erfordert, ist bisher ausgeblieben. Anna ist genervt, sie würde die Smartphones und Tablets am liebsten aus dem Fenster werfen. Hannes erklärt, wie man die Fritzbox programmiert, damit unsere Kinder nachts nicht mehr im Internet surfen können. Anna fällt ihm ins Wort mit der Ungeduld eines Expartners. Technische Details halten uns auf, so ihr Gefühl, Jan vermittelt.

Ich schweige. Bin Beobachterin, wie auf den Elternabenden in der Schule. Irre, dass ich hier sitze, denke ich, gezwungenermaßen an Erziehungsgesprächen teilnehme, denen ich bisher ausgewichen bin. Manches entscheiden wir basisdemokratisch. Das macht mich wahnsinnig. Ich werde ungeduldig, will mich innerlich rausziehen, abziehen aus meiner Patchworkstellung. Doch dann erinnere ich mich daran, dass ich die Aufgabe habe herauszufinden, was ich mir für meine Töchter wünsche. Ich spüre, wie mich die Haltung, die von mir gefordert wird, innerlich aufrichtet. Mich in meiner Rolle stärkt. Es ist ein fortwährender Akt der Emanzipation, den ich durchlaufe, um den Anforderungen als Teilzeit-Mutter gerecht werden zu können. Zwischen den neuen Kompromissen ist das ein gutes Gefühl.

Die Regeln diktieren nun ziemlich viele

Unsere Patchwork-Elternabende finden meist bei Jan und Anna statt. Sie haben die größte Wohnung, den längsten Tisch. Haben wir alles besprochen, Zigarettenrauch in den offenen Holzofen gepustet und getratscht, fahre ich heim. Der Moment des Aufbruchs erinnert mich daran, dass wir nicht eine große Familie, sondern Teilfamilien sind. Am Ende eines langen Tages verschwinden wir in verschiedene Zuhause. Wir schließen Türen auf, knipsen Licht an, riechen den Geruch unserer Wohnungen. Auch wenn wir gemeinsam erziehen, weiß ich um die Grenzen, die zwischen uns verlaufen.

Unsere Gewohnheiten und Vorlieben lassen sich nicht synchronisieren. Unsere Wünsche nur bedingt. Einmal sitzen wir zusammen, weil Martha von einem Schüleraustausch, zwei Wochen England, zurückgekehrt ist. Anna hat Freunde eingeladen, Jans Bruder ist zu Besuch, wir prosten uns zu. Neben mir am Kopfende die Kinder, wild geschminkt, es ist Halloween, auch das. Alle reden durcheinander, die Kinder am lautesten. Sie sind aufgeregt, endlich sind sie wieder vereint. Sie erzählen Geschichten. Sagen krass, geil und scheiße, sie sind so laut, dass das Gespräch der Erwachsenen verebbt. Eine Weile warte ich darauf, dass Jan oder Anna etwas sagen. Ist ja nicht mein Haushalt. Die Hälfte der Kinder nicht meine. Als es mir zu wild wird, sage ich: »Es reicht. Wir essen ja gerade.« Es kümmert sie nicht. Irgendwann springen sie auf, das Baguette noch in der Hand, und verschwinden kichernd.

Wir trinken. Reden. Um halb zehn kommt Martha an

unseren Tisch und erklärt, sie würden nun einen Film schauen. »Ist zu spät jetzt«, sage ich reflexhaft, »hier guckt keiner mehr einen Film.« Die Tür fliegt. Jan folgt Martha, ich folge Jan. Ich höre, wie Marie sagt: »Was können wir dafür, dass wir plötzlich um halb zehn ins Bett gehen sollen?« Sie ist damals 13 wie Martha. Er setzt sich in das Mädchenzimmer und will erläutern, warum das mit dem Schlafengehen doch eigentlich eine gute Idee sei. Ich finde, dass er dem pubertären Aufbegehren zu sehr entgegenkommt und rufe wütend, dass es mir ganz egal sei, was Marie denkt. Meine Kinder würden normalerweise um halb neun ins Bett gehen.

Meine Kinder. Ein dummer Satz, wenig hilfreich. Ich begreife, dass ich gehen muss. Schwer auszuhalten, die Müdigkeit meiner Töchter zu beobachten und sie nicht ins Bett schicken zu können. Es ist nicht meine Aufgabe, vier Kinder zum Schlafen zu bewegen, dazu bin ich nicht berechtigt. In der Tram versuche ich zu lesen, mir ist kalt. Zuhause gehe ich sofort ins Bett. Als gelte es, Schlaf zu sammeln, den andere brauchen.

Nur in deinen Wochen kannst du das gemeinsame Leben gestalten und die Regeln bestimmen, sagt meine Freundin Hanna, wenn ich schimpfe, das Leben der Kinder zerfranse, es mangle an Regeln im Vaterhaushalt. Ich weiß, dass Hanna recht hat. Ich muss an getrennte Familien denken, die weniger gemein haben als unser Elternkollektiv. Die sich Absprachen abringen müssen, deren Lebenswelten sich womöglich stark voneinander unterscheiden. Von den wechselnden Kindern erfordert das eine hohe Anpassungsbereitschaft. Die Konflikte, die bei einer solchen »Wertediskrepanz« auftreten können, müssen sie »innerpsychologisch« lösen, schreibt der Münchner Psychologe Joseph Salzberger in der Fachzeitschrift *frühe Kindheit*.[47] Denn getrennt lebende Eltern gestalten ihren Alltag nach ihren eigenen Vorstellungen. Sie müssen dabei weniger Kompromisse machen als früher, und die Kinder, die womöglich nicht permanent bei ihnen leben, fügen sich den neuen Anforderungen und Gewohnheiten.

Wir haben neue Geschwister, erzählen Martha und Louise stolz

Als Jan und Anna zusammenziehen taumeln vier Kinder vor Glück. Sie sind jetzt so etwas wie eine Gang, die ein Schicksal teilt. »Weißt du, was ich meine«, fragt Marie Martha, und sie stecken die Köpfe zusammen, und Martha nickt, jeden Tag in der neuen Familie teilen sie mehr Erlebnisse. Sie machen alles gemeinsam und verbreiten das Gefühl: Und das Leben ist doch ein Ponyhof. Ich beobachte die Euphorie und denke, das alles geht zu schnell. Was, wenn Anna und Jan sich in drei Wochen trennen? Heimlich warte ich auf die Katastrophe, das Scheitern einer Beziehung, die von Anfang an als Familie funktionieren muss.

Am ersten Samstag nach den Ferien spaziert Louise durch unser Viertel, Arm in Arm mit Marie, der ich an diesem Tag zum ersten Mal die Hand reiche. Ich begrüße sie wie eine Austauschschülerin, der ich bange in die Augen schaue, wissend, sie wird eine bestimmte Zeit bleiben, hoffend, wir werden uns verstehen. Ich erinnere mich, wie ich den neuen Partnern meiner Eltern zum ersten Mal begegnet bin. Ein ähnlich aufregender Moment, in dem ich nie etwas empfunden habe, weil ich damit beschäftigt war zu funktionieren, freundliche Worte zu sprechen, Verlegenheit zu überspielen.

Marie aber ist nicht verlegen, wir schauen uns neugierig an. Es sind Hofflohmärkte, und als sie vor einem Stand auf meine Freundin Hanna treffen, sagt Louise stolz: Hanna, das ist meine Schwester Marie. Ich schweige, auch Hanna fällt nichts ein, sie lächelt. So einfach ist es nicht!, möchte ich rufen, aber den Mädchen ihre Freude zu nehmen scheint weder Hanna noch mir sinnvoll. Der Alltag wird ihre Euphorie dämmen, beruhige ich mich.

Die neue Nähe zwischen den vier Kindern entfremdet mich von Martha und Louise. Sie sind nun Teil einer sechsköpfigen Familie, ich nicht. Während ich Marie und Robin vor allem als Annas Kinder wahrnehme, bezeichnen meine Töchter sie öffentlich als Geschwister. Was als soziales Experiment begonnen hat, ist ihre neue Lebensrealität, die ich versuche zu respektieren. Das ist nicht leicht, denn diese Entwicklung hat in den Vaterwochen stattgefunden – ohne mich. In den ersten Monaten scheint mir die Patchworkfamilie so unwirklich wie ein bullerbüsches Rollenspiel. Ich bin nicht dabei, als sich die theoretischen Beziehungen zwischen den Kindern in echte verwandeln und sie gemeinsam Rituale entwickeln. Ich hinke der neuen Dynamik hinterher, auch sprachlich. Marie ist deine Patchworkschwester, korrigiere ich Martha einmal, da ist bereits ein Jahr vergangen.

Blöder Gedanke, reflexartig ausgesprochen. Ich bin die Letzte in unserer großen Familie, für die diese Unterscheidung wichtig ist. Ich beobachte die Vertrautheit zwischen den vieren und weiß, dass es mir so geht wie allen anderen, die einmal geöffnete Grenzen wieder schließen: Ich werde verlieren. Weigere ich mich, in ihnen mehr zu sehen als Spielkameraden, setze ich die Nähe zu meinen Töchtern aufs Spiel. Sie verteidigen Geschwister, deren Mutter ich nicht bin. Ich bin nicht mal ihre Stiefmutter, dazu sehe ich sie zu selten. Nur stiefmütterliche Gefühle habe ich ab und zu. Dabei sind Marie und Robin feine Kinder. Ich konkurriere heimlich um Einfluss, um gemeinsame Stunden mit Martha und Louise. Um Vorlieben und Vorbilder und das letzte Wort, das die Herde von Pubertieren gerne selbst blöken würde, während ich hilflos meine Eltern zitiere: Wie redest du denn, jetzt ist aber Schluss.

Spielkameraden kann ich abends heimschicken, ich kann ihnen erklären: Das sind die Regeln bei uns. Patchworkgeschwister bleiben, und mir stellt sich die Frage: Was meine ich mit: bei uns? Auch wenn mir Marie und Robin noch nie widersprochen haben, bin ich manchmal strenger, als ich es sein müsste. Ein hilfloser Versuch, die Kontrolle zu behalten. Dabei weiß ich, Martha und Louise wählen selbst, mit wem sie sich anfreunden. Sie haben ihre Geschwisterfreunde wie ein Geschenk genommen. Eine Haltung, die ich wertschätze, über die Experten erfreut wären. Denn auch wenn Familienpatchwork immer alltäglicher wird (sie machen inzwischen 7 bis 13 Prozent der deutschen Haushalte aus, schreibt das Bundesministerium für Familie, Senioren und Frauen), bleibt das Zusammenleben mit Stiefeltern und -geschwistern eine Herausforderung.

Ratgeber, die sich mit dieser Lebensform auseinandersetzen, wollen zuvorderst Mut machen. Sie geben Tipps, wie man gemeinsam wachsen, die Beziehungsfähigkeiten stärken und die moderne Familie als Entwicklungschance begreifen könne. Der dänische Familientherapeut hat Stiefeltern zu Bonuseltern erklärt. Bis ins Sprachliche ringen wir darum, die Vorzüge einer Patchworkfamilie in den Vordergrund zu rücken, sie nicht nur als normal, sondern auch als wertvolles Plus anzuerkennen. Das ist sie auch. Nur kostet sie Kraft, sie will jeden Tag neu bestätigt und gewollt werden, sie fordert uns stärker heraus als eine klassische Familie – und zwar auch die Elternteile, die nicht direkt zum Patchworkverbund zählen, so wie ich. Felicitas von Lovenberg, ehemals Literaturchefin der *Frankfurter Allgemeinen Zeitung*, heute Verlegerin des Piper Verlags, schreibt in ihrem Buch *Und plötzlich war ich zu sechst:* »Patchwork bringt es unweigerlich mit sich, dass sich nicht alle zu jeder Zeit miteinander gleichermaßen wohlfühlen. Wichtig ist, das zu akzeptieren und darin nicht jedes Mal eine Kritik an sich, dem Partner oder der Familie als Ganzem zu sehen.«[48]

Martha und Louise, die meine Zurückhaltung gegenüber dem Leben in der Villa Kunterbunt spüren, halten sich mit Kritik zurück. Selten erwähnen sie, dass sie eines ihrer Patchworkgeschwister oder Anna geärgert habe. Nie sprechen sie davon, dass sie die Aufmerksamkeit ihres Vaters vermissen. Nur in Ausnahmefällen erfahre ich etwas über Rivalitäten, beobachte, dass sie etwas überfordert hat, oder ahne Neid hinter einem bitteren Satz. Die Kinder wollen mich in meinen Zweifeln nicht bestätigen, mich nicht beunruhigen – einerseits. Andererseits weiß ich von Jan, dass sie sich in regelmäßigen Familienkonferenzen darum bemühen, Konflikte anzusprechen, reihum darf jeder etwas sagen. Auf diese Weise aufgefangen, wechseln Martha und Louise meist unbeschwert in eine Mamawoche und verstärken gut gelaunt meinen Eindruck, in ihrer Patchworkfamilie sei alles einfach so prima. Dass das nicht immer so ist, weiß ich von Jan und Anna. Die Euphorie der vier Kinder darüber, zusammen zu sein, Ausflüge zu machen und Betten zu teilen – sie muss mich bedrohen. Unsere Haushalte konkurrieren nicht, sie ergänzen sich.

Pubertier oder Principessa? Unterschiedliche Erziehungsstile, unterschiedliche Rollen

Auch wenn das Pendeln zwischen zwei Haushalten für Kinder mit der Zeit zur Routine wird, wie Untersuchungen ergeben haben, so lehnen sie es häufiger ab, wenn sie älter werden und Teenager sind. Manche entscheiden sich dann, längere Zeit bei einem Elternteil zu wohnen. Bisher gibt es kaum Forschungsergebnisse dazu, wie sie das multilokale Aufwachsen erleben und verarbeiten. Nur wenige verweisen auf positive Aspekte. Es wird allgemein angenommen, dass sich das Pendeln eher negativ auf ihre Entwicklung auswirkt, berichten die Wissenschaftlerinnen Dr. Michaela Schier und Anne Proske vom Deutschen Jugendinstitut im DJI Bulletin 1/2010. Sie fordern, Kinder als »multilokale Akteure« ernst zu nehmen, die Auswirkungen der »Mobilitätsanforderungen« zu untersuchen und sich in der Scheidungsforschung nicht nur mit den psychosozialen Belastungen einer Trennung zu beschäftigen.[49]

In einer von Schier und Proske zitierten qualitativen britischen Studie berichten Kinder davon, wie schwierig es ist, sich immer wieder auf neue Rituale und Alltagspraktiken einzulassen: »Sind die Erziehungsstile der Eltern sehr unterschiedlich, erzählen einige Kinder sogar von dem Gefühl, zwei verschiedene Personen zu sein, je nachdem bei welchen Elternteil sie sich aufhalten«, schreiben die Autorinnen im DJI Bulletin.

Ein Gefühl, das mir aus meiner Kindheit vertraut ist. Mich gab es zweimal. Wie viele 13-Jährige war ich Pubertier und Principessa. Meiner Stiefmutter habe ich erklärt, dass sie unerträglich sei. Eine strenge Frau mit klaren Regeln, gegen die ich mich auflehnte. Ich habe sie verflucht und das Küchenmesser geschwungen. Immer öfter verfing ich mich in einer kaum haltbaren Wut gegen sie und bin wie eine knapp Gerettete für ein Wochenende zu meiner Mutter geflohen. Dort konnte ich vom scheinbaren Unrecht erzählen. Wurde getröstet. Ich erinnere mich nicht, wie genau sich meine Art in den zwei Haushalten unterschied, aber das Sein hier und dort war ein völlig anderes.

Meine Stiefmutter zügelte und strukturierte mich, ich wurde dafür gelobt, ein vernünftiges, strebsames Kind zu sein. Hausaufgaben zu machen, Geige zu üben, Unkraut zu rupfen. Und wenn dann noch Zeit blieb, durfte ich spielen gehen. Keine Süßigkeiten, keine Kinderpartys, kein Kino. Kam ich aus der Bücherei, musste ich vorzeigen, was ich ausgeliehen hatte. Liebesromane las ich deshalb in der Bücherei, zumindest die Sexszenen. Ich trug Röcke bis zur siebten Klasse, meine Stiefmutter wollte das so. Manchmal ein Kopftuch, die Gedanken sollten zusammenbleiben.

Ein Buch, das meine Stiefmutter faszinierte, war *Herbst-milch*, die Lebenserinnerungen der Bäuerin Anna Wimschneider. Sie musste bereits als achtjähriges Kind arbeiten. Selten gab es genug zu essen. Sie heiratete, ihr Mann wurde eingezogen und musste im Zweiten Weltkrieg kämpfen. Sie blieb auf dem Hof zurück, zusammen mit einer Schwiegermutter, die sie schikanierte, und arbeitete hart – von früh bis spät. Es ist ein Buch über Armut, Entbehrung und Durchhaltevermögen. Diese Frau hatte nicht aufgegeben und nun den Respekt meiner Stiefmutter. Helden sind bescheiden, zäh und im Zweifel selbstlos, habe ich damals verstanden. Und auch wenn wir keine Bauernfamilie waren, so wurde ich doch dazu angehalten, die kleinen Freuden zu ehren. Einen Kuchen. Neue Schuhe. Die Erlaubnis, die Tagesschau zu gucken. Die Atmosphäre in unserem Haus war kontrolliert. Heute denke ich, dass meine Stiefmutter unser Familienleben besonders gut und richtig gestalten wollte. Später sagte sie einmal, sie wisse nicht, ob sie sich zuerst in meinen Vater oder in mich verliebt habe. Ihre gut gemeinte Strenge aber ließ kaum Schlupflöcher in ihrer Erziehung, der mein Vater sich kommentarlos anschloss.

Meine Mutter löste mir meist als Erstes das Haar und flocht es neu, lockerer. Manche Strähnen ließ sie absichtlich draußen. Fast unerhört fühlte sich das an. Lässiger, aber auch fremd. Bald trug ich ihre Hosen, Shirts, Blusen. Ich aß Pommes frites. Haribo. Manchmal gingen wir auf einen Jahrmarkt, ein Stadtfest oder ins Kindertheater. Und manchmal schauten wir Fernsehen. Unser Beisammensein war eine Ausnahme. Ich war das geliebte Kind, nach dessen Bedürfnissen sich zwei Tage lang jeder richtete. Das bedauert wurde, weil es sonst im Leben etwas sinnesfeindlich zuging. Du hattest immer Eltern um dich, die dich lieben, sagt meine Mutter. Sie hat recht. Nur leben und lieben mein Vater und meine Mutter unterschiedlich, und jeder wünschte sich eine passende Antwort auf seine Zuneigung. Das machte mich zu einem Verwandlungskünstler. Die Haushalte, zwischen denen ich pendelte, waren unterschiedlich, und ich passte mich ihnen an. Bei meiner Mutter war ich ein fröhliches und friedliches Kind, sich aufzulehnen hätte überhaupt keinen Sinn gemacht, waren wir doch so etwas wie Freundinnen.

Wer bin ich? Und wenn ja, wie viele?

Die Zuhause meiner Töchter liegen nah beieinander. Jan und ich haben dieselben Werte verinnerlicht, und da wir anders als meine Eltern Martha und Louise elf Jahre lang gemeinsam erzogen haben, gehen wir ähnlich mit ihnen um. Deshalb überrascht mich sein Anruf, der mich zwischen Tramgleisen erreicht. Wind im Hörer. Ich drehe mich nach links und rechts, tänzle um das Geräusch herum. Werde wütend auf den Wind oder vielleicht auf das, was Jan mir erzählt. Ob Martha mit mir kämpft, fragt Jan. Ob sie widerspricht, diskutiert, so schnell, dass man sie kaum versteht, bissig, ironisch, lässig? Sie kümmere sich nicht um Bitten, sagt er. Sie schlage kommentarlos Türen zu und weise Anna zurecht, dass es keinen Sinn mache, was sie da behaupte.

Ich kann mich nicht erinnern, mit Martha diskutiert zu haben. Sie ist ironisch? Wie, was sagt sie? Ich versuche mir vorzustellen, sie würde mich zum Feind erklären. Ein Grabenkampf hätte keinen Platz in unserer Dreizimmerwohnung, vom Grundriss her ist sie zu klein, der Flur zu schmal. Manchmal schimpfe ich, wenn Martha den Tisch nicht abräumt, mich ihr blechernes Musikloop stört. Sie reagiert dann empört. Aber Jan spricht hier von etwas anderem. Er meint das große Ganze. Das Ich. Oder: Identität.

Martha scheint jedenfalls auf der Suche zu sein. Sie probt sich. Dafür steht ihr ein Ensemble von Eltern und Stiefeltern zur Verfügung, an dem sie sich abarbeiten kann. Als Teilzeitkind hat sie öfter als andere Kinder die Möglichkeit, sich zu entscheiden, wie und wer sie gerade sein möchte. Denn Teilzeitkinder spielen meist mehrere Rollen, mindestens so viele, wie sie Zimmer haben. So viele, wie von ihnen erwartet werden, daran erinnere ich mich jetzt. Manchmal gewöhnen sie sich so sehr an die Rollenwechsel, dass sie als Erwachsene vergessen, damit aufzuhören, und sich bedingungslos an ihr Gegenüber, an die jeweilige Umgebung anpassen.

Martha spielt vier gegen zwei, denke ich, nachdem Jan aufgelegt hat. Zusammen mit ihren Patchworkgeschwistern erklärt sie die Regeln für sinnlos oder streng, verspottet inkonsequentes Verhalten und findet Anna und Jan megapeinlich. Sobald möglich machen die Kinder, was sie wollen. So lange und so laut, bis die Nachbarn klingeln. Es ist ein punkiges Parallelleben, das meine Mädchen führen. Ob sie es vermissen, wenn sie bei mir sind? Oder sich von den Auftritten erholen? Unsere Dynamik ist anders. Die Regeln sind wie früher, die Mahlzeiten, das Zubettgehen, Küsse. Ich will mit ihnen sein. Will teilhaben. In dem Peinlichen bohren. Wenigstens ein Weilchen noch und anschließend ein bisschen darüber hinaus. Noch nehmen sie es seufzend hin, denn was soll's: Zwei gegen einen ist halt unfair.

Nicht nur Kinder, auch Ungeziefer wechselt die Haushalte

Begrüße ich meine Töchter nach einer Vaterwoche, stecke ich meine Nase in ihr Haar und sauge ihren vertrauten Geruch ein, immer ein guter Moment, der allerdings gestört wird. Denn Martha und Louise riechen nicht nur nach neuen Deos und Cremes, sondern nach einer fremden Wohnung. Sie tragen Pullover, die ich noch nie gesehen, Schuhe, die ich nicht gekauft habe. Neue Frisuren. Wo kommt das her, frage ich mich in das Leben meiner Kinder zurück, obwohl ich das ja weiß: aus dem Vaterhaushalt. Erst wenn sie geduscht, ihre Kleider gewaschen sind, gehören wir wieder zusammen. »Wir sind ein Wanderzirkus«, sagt Jan über seine Patchworkfamilie, und das stimmt. Schuhe und Kleider wandern durch die Haushalte, Schlafsäcke, Tupperware, Fahrräder. Manchmal sogar Möbel. Und Pediculus capitis, wie ich beim Friseur feststelle.

Die Frau trägt ein goldenes Stirnband und lächelt. »Haben Sie Kinder«, fragt sie mich, während sie meine Spitzen schneidet. Ich schaue in den Spiegel, hole Luft. Small Talk also, gut. »Zwei Töchter«, sage ich und warte auf Nachfragen, ich bin müde. »Hatten die mal Läuse?« – »Ja«, antworte ich überrascht, da sagt sie sanft: »Dachte ich mir, Sie haben Nissen im Haar. Ich muss Sie bitten zu gehen.« Sie nimmt mir den Umhang ab. Die Kundin auf dem Stuhl neben mir schaut rüber. Ich bin wach. Zahle, haste aus dem Friseursalon.

Läuse, das Wort kannte ich aus Rundmails anderer Eltern, bis Jan mit Anna und ihren Kindern zusammengezogen ist. Seitdem sagt Jan manchmal, Robin und die Mädchen hätten Läuse, seien aber behandelt worden, ich solle mir keine Sorgen machen. Ich hatte noch nie Läuse, weiß nicht mal, wie die aussehen. Jetzt stehe ich auf der Straße und bin wütend auf Jan und Anna, die es nicht schaffen, diese Tierchen abzuschütteln. Muss ja von denen kommen, woher sonst. Und obwohl ich weiß, dass Läuse nur auf sauberen Köpfen wohnen, von Mütze zu Mütze springen, möchte ich ihnen ein Hygieneproblem andichten. Mich juckt's. In der Apotheke kaufe ich drei Packungen Läusemittel für 40 Euro.

Den Rest des Tages tränke ich die Haare meiner Töchter mit öliger Tinktur, bevor ich mich selbst behandle. Ich ziehe Betten ab, stecke Mützen ins Tiefkühlfach. Ich stecke die Bürsten in kochendes Wasser und mache ein Foto, das ich an Jan, Anna und Hannes schicke. So bekämpft man erfolgreich Ungeziefer, will ich zeigen und komme mir vor wie jemand, der beim Fahrradfahren nicht nur Helm, sondern auch Knieschützer trägt. Ich arbeite genau, werde kleinlich. Der Wäscheberg im Flur reicht bis zum Lichtschalter als meine Maschine aufhört zu waschen. Für immer. Ich laufe zum Waschsalon und will nur noch eines: die Schuldfrage klären. Aber Jan und Anna stecken in einer kinderlosen Woche, sie haben gerade anderes zu tun, als Teddys einzufrieren. Meine Sorge ist nicht ihre, nicht an diesem Nachmittag. Wir kümmern uns, schreibt Jan.

Kinderwechsel. SMS an ihn: Habt ihr die Betten abgezogen? Mache ich noch, antwortet er, und später: Robin untersucht, er hat Läuse. Vier Tage nachdem ich allen geschrieben habe? Warum hat sein Vater ihn nicht viel früher untersucht? Niemals, denke ich, werden Jan und Anna so gründlich sein wie ich. Ich sehe ihre große Wohnung, die Betten, die sie sich teilen, das Sofa, die Kissen, die Wäsche im Bad. Ein Läuseparadies, in dem sechs Menschen leben. Ich fühle mich hilflos. Sind Läuse eigentlich meldepflichtig? Paragraf 34 Absatz 5 des Infektionsschutzgesetzes: ja. Ich schreibe eine Rundmail. Schreiben nicht viele Eltern Rundmails am Jahresende und berichten von Entwicklung und Erfolgen ihrer Kinder? Louise hat uns in diesem Jahr mit ihrem Cellospiel beeindruckt. Martha begeistert das perspektivische Zeichnen, sie steht täglich an ihrer Staffelei. So? Ach ja, und in unserer Freizeit kämpfen wir gegen Kopfläuse, eine großartige Herausforderung, an der wir alle wachsen.

Auf dem ersten Patchwork-Kindergeburtstag fühle ich mich wie ein Gast

Mein Alltag hat sich kaum verändert. Und, die Vergangenheit, die meine Töchter und ich gemeinsam verwalten, ist unsere eigene. Kosenamen, Anspielungen und Gewohnheiten sind dieselben geblieben, Reste eines Lebens zu viert. Reste, die Jan und Anna verwandelt haben in neue Rituale, die zwei Familien verbinden sollen. Sie beten mit den Kindern vor dem Essen. Das rahmt die Mahlzeit, sagt Jan. Sie halten Konferenzen, versuchen, Belohnungssysteme zu etablieren für die Hilfe im Haushalt. Manchmal scheitern sie mit ihren Ideen. Und trotzdem beobachte ich, dass Louise und Martha sie bereitwillig ausprobieren. Rituale sind Ordnungsstrukturen, sagen Psychologen. Sie stärken die Gemeinschaft, die emotionale Verbundenheit. Jede Wiederholung ist ein geflüstertes Ja, wir gehören zusammen – und besonders wichtig für alternative Familienmodelle, in denen die Zugehörigkeit nicht selbstverständlich ist.

Gleichzeitig setzen Rituale Grenzen. Ich bin nicht Teil dieser Gemeinschaft, die entsteht. Ihre Gewohnheiten sind mir fremd, fremd die großfamiliären Herausforderungen, denen sich Jan stellen muss. Im Alltag fällt mir das kaum auf, umso stärker an rituellen Höhepunkten wie Weihnachten oder Kindergeburtstagen. Die erste Geburtstagsfeier, die wir als Teilzeiteltern ausrichten, ist für Louise im Sommer 2014.

Zehn Jahre alt wird sie und will – das hat sie sich zusammen mit ihrem Vater überlegt – auf einem Festival feiern. Festivals haben in unserer alten Familie keine Rolle gespielt, in Annas schon. Ich google den Namen der Veranstaltung und lese: Nascht mit uns an jenem Baum, der die süßesten Früchte trägt. Findet euren Frieden im Wald der Empfindungen. Ich rufe Jan an. »Hast dich vertippt«, sagt er, »wir meinen ein anderes Festival.«

Louises Geburtstag ist in den Ferien, Vaterwoche, und als ich nach zwei Stunden Autofahrt in der Sommerhitze mit der bestellten, in Styropor gekühlten Torte auf der Rückbank das Festival erreiche, möchte ich sofort Jan finden und schütteln. Aber mir läuft meine Tochter entgegen, das Gesicht hell, die Haare zu einem Kranz geflochten, glücklich. Außer mir ärgert sich auf dieser Wiese keiner, hier wirken alle zufrieden. Ich will mir Mühe geben. Parke das Auto, setze mich auf eine Decke. Martha geht vorbei, auch sie wirkt irgendwie gelöst: Arme und Beine sind mit Henna verziert, um den Kopf hat sie ein Stück Stoff gewunden. Sie trägt eine bauchfreie Bluse, noch nie gesehen, und darüber ein Tragetuch, in dem das Kind von Freunden schläft. Sie flüstert: »Er schläft.« Tatsächlich haben hier Menschen mit verfilzten Haaren Zelte aufgeschlagen. Irgendwo beginnt eine Gruppe zu trommeln. Weitere Kinder tauchen auf, nackt oder auch nicht und verschwinden wieder, während Louise ihre Geschenke zu einem Häufchen stapelt.

Ich wünschte, ich wäre anders. Entspannter. Weniger dagegen. Mehr dafür – für was auch immer. Aber das ist der elfte Geburtstag meiner Tochter, und ich bin in irgendetwas hineingeraten. Ich fühle mich fremd in dieser Welt, die meinen Kindern offensichtlich gefällt. Ich bleibe Besuch, geladener Gast.

Ich muss an meine Mutter denken, die sich fast immer wie ein Gast verhielt, wenn sie meine Veranstaltungen wie Schulaufführungen oder Konzerte besuchte. Oft stand sie abseits, blieb zurückhaltend. Im Zweifel kannte sie kaum jemanden. Musste bald wieder los. Und ich sollte das jetzt wiederholen? Louise blickt mich an, sie liest mich, es tut mir leid. In dem Moment beginnt eine Band zu spielen. Es muss die Vorband der Vorband sein, die da Volkslieder singt, Geige und Kontrabass spielt. Katzenmusik, wir sind uns einig.

Zwischen den Zelten singen wir selbst, Geburtstagslieder. Dann essen wir Torte mit Jan und Anna, den Kindern und Freunden. Dass ich früher selbst gebacken habe, dass wir einen Gabentisch hatten, Spiele gespielt und allen Gästen Tütchen schenkten, das fällt mir erst ein, als ich wieder in München bin. Ist wohl auch so ein Altersding, denke ich, und doch stimmt es mich traurig. Dann erinnere ich mich an Louises helles Gesicht, als ich meine Wohnungstür aufschließe, und denke, dass ihr Frohsinn so ein Festival ein winziges bisschen erträglicher macht.

Marthas und Louises Verhältnis hat sich nach der Trennung verdichtet

Louise und ich sitzen am Küchentisch. Gleich werden wir Abendbrot essen. Ohne Martha, sie ist auf Klassenfahrt in Österreich. »Was Martha wohl gerade macht«, sagt Louise und schaut raus in die Dunkelheit. Louise sorgt sich, wenn wir nicht vollzählig sind. Wenn wir streiten, sich jemand zurückzieht. Wie ein Hirtenhund läuft sie zwischen den Zimmern hin und her. »Ich vermisse Martha«, sagt sie jetzt. Wir schweigen. Sie ist erst seit gestern weg, antworte ich. Trotzdem, sagt Louise.

Am zweiten Tag ohne Martha schreibt Louise auf einen Zettel: *Wir vermissen dich.* Sie legt ihn auf Marthas Kopfkissen, nachdem sie das Bett gemacht hat. Wir müssen raus, denke ich, und führe Louise aus, Käsespätzle in einer Eckkneipe. Zwischen Stammgästen überlegen wir, welche der Lampen wir schön finden, und Louise sagt: Ein Glück, dass

Martha nicht dabei ist. Sie hätte bestimmt ihr Glas umgestoßen, unser Tisch ist so klein. Und dann erinnern wir uns daran, welche lustigen Missgeschicke Martha passiert sind. Es sind ziemlich viele.

Fünf Tage später kommt Martha wieder, wir sammeln sie vor der Schule ein. Louise hüpft die Straße hinunter und spricht so schnell, dass ich sie kaum verstehe. Sie verhaspelt sich, lacht, Mama, ich bin aufgeregt. Auf dem Rückweg redet nur Martha, Louise zieht ihren Koffer. Zwischen den Geschichten ihrer Schwester wirft sie ein, dass sie oft alleine gewesen sei. Dass sie im Gegensatz zu Martha pünktlich ins Bett gehen musste, und österreichische Fleischgerichte gab es schon mal überhaupt nicht zuhause. Sie macht Martha verantwortlich für ein paar miese Tage, in denen sie das Vermissen geplagt hat.

Martha lächelt und nimmt alles wortlos hin. Das Verhältnis der Kinder hat sich verändert, seit sie zwischen den Eltern pendeln. Es ist enger. Sie streiten seltener, schließen schneller Frieden. Sie ergreifen füreinander das Wort, wenn sie das Gefühl haben, ich behandle sie ungerecht. Sie sind die Einzigen in unserer Familie, die zusammengeblieben sind, eine Schicksalsgemeinschaft. Sie wissen mehr übereinander, als ihre Eltern es können, auch mehr über ihre Eltern selbst: Wie haben sie sich verändert seit der Trennung? Sie sind Zeuginnen, Chronistinnen, einzige konstante Bezugsperson und als solche ein unschlagbares Team. Ähnliches hat die Autorin Felicitas von Lovenberg beobachtet. Sie beschreibt die Kinder ihres Mannes innerhalb ihrer Patchworkfamilie als »kleine, unverrückbare Gemeinschaft«, als einen »gemeinsamen Flicken«.[50]

Die Beziehung zwischen Martha und Louise wird alle anderen überdauern, sie ist die längste in ihrem Leben und eine der wichtigsten, die nicht beendet werden kann wie die Freundschaft nach einem Streit. Unterschwellig wird sie weiterwirken, hat sie die Mädchen doch geprägt. Zusammen haben sie gelernt, sich zu arrangieren, sich in die jeweils andere einzufühlen, empathisch und solidarisch zu sein. Geschwisterbeziehungen, haben Forschungen ergeben, beeinflussen sogar die spätere Partnerwahl.

Marthas und Louises Beziehung ist nicht immer gleich eng. In den Vaterwochen teilen sie sich auf, oftmals unternimmt Martha etwas mit Marie, die nur vier Monate älter ist als sie, während Louise sich um Robin kümmert, der erst in die zweite Klasse geht und nicht immer mit den großen Mädchen mithalten kann. Die ursprünglichen Geschwisterpaare stehen sich nicht gegenüber, sondern bilden neue, je nach Laune und Spielstand.

In den Wochen bei mir fallen Martha und Louise in ihre alten Geschwisterrollen zurück. Ihre Beziehung müssen sie nicht täglich neu ausloten, und so konkurrieren sie wie früher um Redezeit, fallen einander ins Wort oder diskutieren, wer dran ist, die Katzentoilette zu säubern. Ihr Umgang ist unaufgeregt und doch bewusster. Sie wollen sich gegenseitig verorten können: Wann kommst du heute nach Hause? Wen besuchst du? Wir erreichen samt Gepäck unsere Dreizimmerwohnung. Meine Töchter verschwinden als unverrückbare Gemeinschaft in Marthas Zimmer, um sich zu besprechen. Und im Verschwinden sind sie ganz bei sich. Sie sind keine Hirtenhunde, keine Pendler sondern Geschwister, die Geheimnisse austauschen, Musik hören, malen oder aus Versehen noch mal mit Playmobil spielen. In diesen Momenten laufe ich auf Zehenspitzen vor Glück und wünsche mir, dass sie sich nah bleiben bis in alle Zeiten.

Patchwork schafft neue Strukturen, löst alte ab

Als Jan erst seit wenigen Wochen mit Anna zusammen war, sagte er zu mir: »Frieda, du wirst immer einen besonderen Platz in meinem Herzen behalten, vergiss das nicht.« Ich fand den Satz pathetisch, außerdem überraschte er mich nicht. Drückte er doch aus, was ich spürte. Ich bin die Mutter seiner Kinder, die Frau, mit der er 14 Jahre gelebt hat und die er auf eine bestimmte Art immer noch liebt. Anders als ich ahnte Jan, dass sich unsere Beziehung durch Anna (und auch Paul) verändern, dass sich der Abstand zwischen uns vergrößern würde, auch wenn sich das in jenem Moment nicht abzeichnete.

Die Einzigartigkeit, die wir dem jeweils anderen zugesprochen hatten, sie bestand erst einmal weiter. Das konnte ich in Annas Gesicht lesen, die mir vorsichtig und respektvoll begegnete. Sie hat die nahe Vergangenheit nicht angetastet, und ich habe meine Position nicht ausgenutzt. Ich habe beobachtet, wie Jan sich um seine neue Familie bemühte, indem er Haushaltspflichten übernahm, gemeinsame Projekte plante und Anna in Eile durch die Stadt fuhr zu Terminen, die bis vor Kurzem noch nichts mit ihm zu tun hatten. Er setzt neue Prioritäten, er hat sich entschieden, begriff ich, und das gefiel mir. Es machte mir nichts aus, bis heute habe ich zu keinem Zeitpunkt so etwas wie Eifersucht gespürt (was durchaus auch bei Frauen vorkommt, die sich getrennt haben). Wie Martha und Louise bin ich erleichtert, dass es Jan an Annas Seite so viel besser geht.

Partnerschaft endet, Elternschaft nie, schreiben Experten. Jan und ich haben mehr als ein Jahr gebraucht, um uns vom Partnerschaftlichen zu verabschieden und uns als Elternduo neu zu finden. Am Ende ist es doch ein schmerzhafter Prozess, den Jans neue Familie beschleunigt. In kurzen Alltagsmomenten werde ich zur Zeugin, wie Anna Privilegien zugestanden werden, die ich als Jans Frau lange für mich beanspruchen konnte und nun abgegeben habe. Unser gemeinsamer Versuch, zwei geteilte Familien so gut und so oft es geht zusammenzuführen, uns als familiäre Einheit zu begreifen, fühlt sich an manchen Tagen an, als würde ein kleines Pflaster über eine zu große Wunde gelegt. Er überfordert uns. Die Vergangenheit ist zu präsent, um sie zu einer unbeschwerten Gegenwart zu erklären. Und doch hilft mir unsere Patchworksituation, mich von alten Mustern und Vorstellungen zu lösen.

Einordnen kann ich die kleinen Verletzungen meist erst am Ende eines langen Tages, in den Situationen selbst funktioniere ich, so auch auf unserem turbulenten Ausflug aufs Land. Frauen mit roten Lippen, Männer mit Bärten, halbstarke Kinder in Leggings und Chucks – wir fallen auf, als wir beim Trödler einfallen und zwischen verstaubten Regalen nach Schnäppchen suchen. Ich habe mich Jan und Anna angeschlossen, Landpartie mit großer Familie, sogar Annas Cousin und eine Freundin sind dabei. Es ist Samstagvormittag, und wir sind lässig, weil müde. Jemand spricht von Konterbier, gute Idee, finden alle. Aber erst mal jagen wir Gläser, Vasen, Spiegel.

An der Kasse werden wir kompliziert. Natürlich gehören wir zusammen. Aber nicht finanziell. Das Mütterchen hat alles auf eine Rechnung gesetzt, und ich will klären, was ich bezahlen soll. Ein bisschen zu hastig nehme ich ihren Zettel und addiere. Jan steht neben mir. Er gehört zu der anderen Familie, die auch ein Teil meiner Familie ist, bezahlen aber wird er nur für die anderen, und das fühlt sich richtig und seltsam zugleich an. Während wir uns beide über die Rechnung beugen, machen wir es viel besser als unsere getrennten Eltern, das steht schon mal fest, schwierig ist die Balance trotzdem: Als befreundete Getrennte teilen wir so viel Leben wie möglich.

Und einen ähnlichen Geschmack. Im Möbellager sagt Anna: Diese Schränke für die Schuhe im Flur? Jan überlegt eine Weile, sie wägen ab. Messen aus. Sie sind, wie Jan und ich waren. Ich entdecke eine Kommode, die in Marthas Zimmer passen könnte. In meine Wohnung. Und weil alles so vertraut scheint, frage ich Jan: Was meinst du? Er schaut, aber da sehe ich, er ist erschöpft. Und ich erinnere mich, dass ich mich alleine entscheiden muss. Dass wir zwar als Eltern zusammengehören, es aber neue, interfamiliäre Grenzen gibt. Keine Familie, auch nicht Patchwork, kommt ohne Grenzen aus. Wollen Jan und ich uns nah bleiben, sind wir gezwungen, sie zu akzeptieren. Auch wenn sie mich jedes Mal auf mich selbst zurückwerfen.

Irre, diese Sonne da draußen, es soll jetzt weitergehen. Jan fährt uns zu einem Hoffest in der Nähe. Anna sitzt neben ihm, ich hinten zwischen den Kindern, mich selbst wie eines fühlend. Angekommen, sehe ich auf Bierbänken vor Ställen noch mehr Männer mit Bärten und dunkel verglaste Frauen, Städter wie wir, die Bärlauchsuppe essen und Lammsbräu trinken, Kinder zwischen den Knien. Mir fällt ein, dass Jan und ich auch auf Hoffesten waren, als unsere Töchter klein waren, nur hatte Jan keinen Bart und wir kein Auto.

Ich gehe spazieren, um den sich aufdrängenden Erinnerungen zu entkommen. Ich denke daran, dass manche Menschen, die um den Block gehen wollen, nie mehr wiederkommen, und dass ich aber zurückkehren werde, weil ich diese Patchworkfamilie will, auch wenn sie anstrengend ist. Sie tauscht neue Verantwortlichkeiten gegen alte und zwingt mich, Abschied zu nehmen. Sie überschreibt, weil sie lebendig ist, gestaltet werden muss.

Großeltern können Bezugspersonen bleiben – auch für Teilzeiteltern

Wer immer schon ein distanziertes Verhältnis zu den Schwiegereltern hatte, wird es nach der Trennung kaum fortführen, sondern ist froh, offiziell der Umgangspflicht entkommen zu sein. Wie aber geht man mit den Eltern des Expartners um, denen man freundschaftlich verbunden ist? Darüber wird in zahlreichen Internetforen gerätselt. Manchmal geht es dabei um Beziehungen, die über Jahrzehnte gewachsen sind und nun mit der Trennung plötzlich ihre Gültigkeit verlieren sollen. Vor allem weibliche

Forumsmitglieder schreiben, dass sie sich zumindest verabschieden möchten. Manche bedauern vorsichtig, dass sie in Zukunft keinen Kontakt mehr haben werden. Als Mutter habe ich keine andere Wahl, als weiter mit den Schwiegereltern verbunden zu bleiben, zumindest theoretisch. Sie sind weiterhin die Großeltern meiner Töchter, auch wenn Jan und ich das Liebesverhältnis, das unserer Familie zugrunde lag, aufgelöst haben. Wir sind jetzt Erziehungspartner, und ähnlich sachlich müsste ich das Verhältnis zu meiner Schwiegermutter betrachten, die nun keine mehr ist. Das fällt mir schwer.

Ich glaube, Schwiegermütter bleiben. Das mag an dem Wort Mutter liegen, es gibt keine Exmütter, jedenfalls kenne ich keine. Meine Schwiegermutter Marlies hat mich aufs Abitur vorbereitet, sie ist Lehrerin. Sie hat mich bekocht, war eifersüchtig, als ich ihren Sohn für mich einnahm, hat die Taufen unserer Töchter ausgerichtet, war mit uns in den Ferien und hat uns Geld geschickt, wenn keines mehr da war. Wir haben zusammen gelacht und gestritten, waren stolz aufeinander und haben uns füreinander geschämt.

Unser schlimmstes Telefonat fand an einem Neujahrsmorgen statt, als sie befürchtete, Jan könnte sich etwas antun, und klarstellte, die Schuld daran trüge ich. Ich hoffe, sagte sie, deine Entscheidung, dich zu trennen, lohnt sich und ist den Schmerz aller wert. Wir wussten beide: Nichts würde sich lohnen. Nichts ließe sich gegeneinander aufwiegen.

Ich will meinen Tochterstatus nicht verlieren. Mir macht es nichts aus, keine Ehefrau mehr zu sein, aber die Schwiegermutter abschreiben zu müssen fühlt sich an, als würde mir ein Teil meiner Ursprungsfamilie genommen, die doch identitätsstiftend ist. Das denke ich, als ich den Brief auf dem Tisch liegen sehe. Die Schrift ist vertraut, es ist ihre. Ich stehe bei Jan in der Küche und greife nach dem Umschlag, denke, er wird an mich gerichtet sein. Sechs Namen stehen darauf, auch die meiner Töchter, meiner ist nicht dabei.

Ich halte den Brief in den Händen und erinnere mich, wie Marlies ihren Sohn verteidigt hat, als ich mit Jan zusammenkam. Wie ein Tier. Jetzt also ein Brief an die neue Patchworkfamilie, mit der er zusammenlebt. Logisch, sage ich zu mir selbst, sie möchte Jans Leben begleiten, und das bedeutet auch, an alle sechs zu schreiben. Sie in den Ferien zu beherbergen. Aber dann entdecke ich die Handschuhe, selbst gestrickt. Ein aufwendiges Muster, die Arbeit von Stunden, Marlies musste sicher oft auf ihre Anleitung schauen, schon eine Radiostimme hätte sie abgelenkt. Sie hat sie Anna geschenkt. Ich nehme sie in die Hand und habe Sorge, jemand könnte bemerken, dass mein Lächeln angestrengt ist. Ich möchte mich für Anna freuen, aber es ist noch nicht lange genug her, dass ich selbst Gestricktes von Marlies bekommen habe.

Auf der Durchreise taucht sie auf, ein Essen bei Anna und Jan, ich bin eingeladen. Nichts Ungewöhnliches, sich nach langer Zeit wiederzusehen, neu ist nur die Besetzung. Wir sagen »Na?« zueinander, dann setzen wir uns. Sie vermisst mich, das spüre ich, und ich vermisse sie. Ich sehe, wie Anna und Jan die Kartoffeln auf den Tisch stellen, sehe es mit Marlies' Augen, sie kommen zu früh, sie werden kalt. Die Soße ist zu dickflüssig, der Spargel wahrscheinlich nicht ausreichend geschält. Marlies' kritischer Blick, er gilt nicht mehr mir, ich bin Gast wie sie. Aufgekratzt reiße ich ein paar Witze, froh darüber, dass ich nichts verantworten muss und trotzdem dazugehöre.

Wir haben weniger Kontakt als zu Ehezeiten, aber ein paarmal im Jahr sehen wir uns, und das liegt an unserem Patchwork. Daran, dass wir das Wechselmodell leben und glücklicherweise gezwungen sind, weiterhin zu kommunizieren. Das gilt auch für meine Eltern, mit denen Jan telefoniert, manchmal spazieren geht, wenn sie zu Besuch sind.

In einer australischen Studie über Großeltern in geteilten Familien 2006 wurde untersucht, welche Auswirkungen das Betreuungsmodell auf ihren Kontakt zu den Enkeln hat. Kinder, so das Ergebnis, die im Residenzmodell aufwachsen, haben eine engere Beziehung zu den Eltern des hauptverantwortlich Erziehenden als zu den Eltern des Nichtresidenzelternteil.[51] Anders ist es im Wechselmodell, in dem die Beziehungskontinuität zwischen Kind und Großeltern gewährleistet ist. »Hiervon profitieren nicht nur die Großeltern«, schreibt die Wissenschaftlerin Hildegund Sünderhauf, »sondern in erster Linie die Kinder, die zusätzliche Bezugspersonen gewinnen bzw. diese infolge von Trennung und Scheidung nicht verlieren.«[52]

Marlies, die strickende und schneidernde Granny, wird meinen Kindern wie auch mir bleiben – als Mutter meines Klassenkameraden, Schwiegermutter, Großmutter und Freundin. Die paritätische Erziehungspartnerschaft lockert Beziehungsgeflechte, ohne sie zu zerreißen. Das vermittelt den Kindern das sichere Gefühl, weiterhin in einem Familienverbund zu leben, fordert aber alle heraus, trotz der alten

Nähe eine neue Rolle einzunehmen und führt mitunter zu verwirrenden Momenten, die wir aushalten müssen und die aber, so hoffe ich, weniger Schaden anrichten als ein Kontaktabbruch.

Lasst uns mitreden! Was Teilzeitkinder über das Wechselmodell sagen

In der Forschung zum Wechselmodell kommen vor allem Teilzeiteltern zu Wort, es gibt nur wenige Befragungen von Kindern oder Dritten. Dabei geht es vor allem um sie. Getrennte Väter und Mütter wollen mit ihren unterschiedlichen Betreuungsarrangements vor allem dem Kindeswohl gerecht zu werden. Sie versuchen herauszufinden, welches Modell ihrem Kind die größte Sicherheit vermitteln kann, indem sie als Bezugspersonen möglichst auf die gleiche Art präsent sind wie bisher. Keine leichte Aufgabe. Wenn es zum Beispiel darum geht, außerplanmäßige Wechsel zu vereinbaren, frage ich Martha und Louise nach ihrer Meinung: Wollt ihr am Samstag kommen oder erst am Sonntag? Ihre Antworten sind diplomatisch. Sie loten nicht nur ihre eigenen, sondern auch die Bedürfnisse ihrer Eltern aus, spüre ich. Sie verhalten sich loyal, ohne es zu wissen, und so bemühe ich mich zu erahnen, was sie wirklich denken, fühlen und wünschen.

Erwachsene Teilzeitkinder sind dem Loyalitätskonflikt nicht mehr unmittelbar ausgesetzt. Rückblickend können sie klar benennen, was das Aufwachsen in zwei Haushalten erschwert, was es leicht macht und ob sie sich wohlgefühlt haben mit dem Arrangement. Die meisten schon, so das Ergebnis der Forschungen, die sich mit der Zufriedenheit der Kinder befasst haben. In einer US-amerikanischen Studie von 2000, für die 820 College-Studenten um ihre Meinung zum paritätischen Wechselmodell gebeten wurden, sagten 93 Prozent der Teilzeitkinder, für sie sei es die beste Nachtrennungslösung gewesen. Von den Scheidungskindern, die mit anderen Betreuungsmustern aufgewachsen sind, glaubten das 70 Prozent. Generell scheinen Teilzeitkinder zufriedener zu sein als Kinder, die im Residenzmodell aufwachsen – egal ob Mädchen oder Junge. Bisher konnte in keiner Studie nachgewiesen werden, dass Kinder ihrem Geschlecht nach unterschiedlich auf das Wechselmodell reagieren, auch wenn zurzeit in der Praxis mehr Jungs als Mädchen pendeln, wie Familienrechtlerin Hildegund Sünderhauf schreibt.[53]

Teilzeitkinder schätzen den engen Kontakt zu beiden Elternteilen, erleben es als normal, zwei Zuhause zu haben, und fühlen sich nur wenig durch die Trennung belastet – wenn die Voraussetzungen stimmen: Zuvorderst möchten sie mitreden und -bestimmen, zeigt eine britische Telefonbefragung mit 398 Teilnehmern aus dem Jahr 2012. Die jungen Erwachsenen Mitte 20, deren Eltern sich getrennt hatten, bevor sie 16 Jahre alt waren, gaben an, sich wohler gefühlt zu haben, wenn sie in die Entscheidungsfindung zum Umgang mit einbezogen waren. Außerdem war es ihnen wichtig, dass Regelungen flexibel gehalten wurden. Besonders älteren Kindern ab zehn Jahren kommt es entgegen, wenn Pläne spontan geändert werden können, das beobachte ich auch an Martha und Louise. Sie stellen den

Wochenrhythmus nicht infrage, möchten aber vorbeikommen oder wegbleiben können, wenn ihnen danach ist. Der Wunsch nach Flexibilität zeigt einmal mehr, dass es keine allgemeingültigen Richtlinien zur Umgangshäufigkeit geben kann. Gibt es einen Konsens in der oben zitierten Telefonbefragung, dann den, dass es keinen gibt. Die Bedürfnisse von Teilzeitkindern variieren altersabhängig.

Wie gut sich Teilzeitkinder mit ihrer Lebenssituation arrangieren können, hängt mit der Einstellung ihrer Eltern zusammen, zeigt eine Studie von 2008 mit 15 Wechselmodellfamilien aus Deutschland. Befürworten Vater und Mutter die abwechselnde Betreuung, zeigen sie das auch, finden sich Teilzeitkinder einfacher darin zurecht. Leidet ein Elternteil unter dem Arrangement, übertragen sich seine Sorgen auf das Kind. Der Leitspruch »Glückliche Eltern – glückliche Kinder« gilt besonders für das Wechselmodell, das alle Beteiligten vor Herausforderungen stellt, die ohne positive Grundeinstellung kaum zu bewältigen sind.

Viele Kinder erkennen im multilokalen Aufwachsen Vorteile. In einer Umfrage mit 77 Teilzeitkindern (2001) gaben diese an, seit der Trennung ein besseres Verhältnis zu den Eltern zu haben, sogar die Pausen voneinander zu genießen, welche die Wechsel mit sich bringen. Besonders in der Pubertät können sie eine schlichtende Wirkung entwickeln: Bei einem Streit, es ist der einzig lautstarke bisher, sagt Martha plötzlich: »Ich bin einfach schon zu lange bei dir, es wird Zeit, dass ich zu Papa wechsle.« Sie beruft sich auf die Ferien, die wir gemeinsam verbracht haben, nun auch die erste Schulwoche, es reiche, so die trotzigen Kinderworte. Das lasse ich natürlich nicht gelten. Wir diskutieren, ich weigere mich, ein verstimmtes Kind ziehen zu lassen. Wir vertragen uns, und ich weiß, in der Woche ohne einander können wir Kräfte füreinander sammeln.

Es ist eine undramatische Pause, die das Wechselmodell vorgibt und in der weder Martha noch Louise unter ernsthaften Verlustgefühlen leiden – etwas, das auch andere Teilzeitkinder berichten: Ihre Angst, ein Elternteil zu verlieren, ist gering. Vater und Mutter bleiben gleichermaßen als Bezugspersonen präsent, ihre Trennung steht deshalb thematisch nicht so sehr im Vordergrund wie für Kinder, die im Residenzmodell aufwachsen und hauptsächlich von der Mutter betreut werden. Oder dem Vater, wie in meinem Fall. Auch wenn ich meinen Alltag als normal erlebt habe, hat das Vermissen meiner Mutter und mit ihr das Wissen um diese andere Welt, in der sie und manchmal ich lebten, mein Familiengefühl bestimmt. Die Trennung meiner Eltern blieb ein biografischer Bruch, der sich zeitlich und räumlich immer wieder aufs Neue manifestierte. Die Besuche bei meiner Mutter, später bei meinem Vater konnten bis ins Erwachsenenalter nie so selbstverständlich werden wie das wöchentliche Pendeln meiner Töchter zwischen ihrem Vater und mir.

Doch je weniger die Eltern miteinander kommunizieren, je konfliktbelasteter ihr Verhältnis ist, desto schwerer fällt es Trennungskindern, sich in der Struktur ihrer Nachtrennungsfamilie zurechtzufinden. Ihr Wohlergehen bestimmt nicht nur die Kontakthäufigkeit, sondern auch seine Qualität, und die leidet bei sogenannten hochstrittigen Familien. Ungelöste Konflikte schwelen nach der Trennung fort. Teilzeitkinder berichten, dass sich schwierige Beziehungen zu Vater oder Mutter nach der Trennung nicht verbessert haben: Der Kontakt ist nur positiv und eng, wenn er das vorher auch schon war. Nein, Teilzeitkinder kaum oder gar nicht kooperierender Eltern sind nicht zufrieden mit dem Wechselmodell, sie wären es auch nicht im Residenzmodell. Jedes Betreuungsarrangement verliert seine Berechtigung, wenn die Eltern den Fokus auf ihr Kind verloren haben.

7 Gleichberechtigte Teilzeiteltern sind starke Eltern

Ich versuche, ein neues Selbstverständnis zu entwickeln

Eine Leserin schreibt mir, es sei schwer zu erklären, wer wir Teilzeit-Mütter eigentlich seien. Wie unsere Lebensrealität aussehe, was es bedeute, mit dem Vater der Kinder eine Erziehungspartnerschaft zu führen. Ich gebe ihr recht. Wir sind nicht allein- sondern teilerziehend, aber in der Zeit, die uns als Teilzeit-Müttern zufällt, tragen wir die Verantwortung für unseren Nachwuchs praktisch allein. Da ist niemand, der mal kurz etwas hält, vorbereitet, anreicht. An manchen Montagen überfordert mich der abrupte Trubel. Martha und Louise fallen in die Wohnung ein und verwandeln sie in wenigen Minuten in ein Chaos. Sie erzählen zeitgleich vom Tag, um sich schließlich zu streiten, wer zuerst reden darf, während ich bitte schnell kochen soll. Werde ich hektisch, frage ich mich, ob ich das Muttersein verlernt habe. Ebenso plötzlich ist wieder Stille. Zur vereinbarten Zeit geben wir unsere erzieherischen Aufgaben und die Verantwortung ab an den Teilzeitvater. Unsere Fürsorge ist von einer Stunde auf die nächste nicht mehr vonnöten, und wir sind auf uns selbst zurückgeworfen. In diesen Momenten fühle ich mich, als wäre Ebbe und ich stünde mit den Füßen im Schlick.

Ich weiß nicht, wer ich ohne meine Töchter bin. Bisher habe ich mich das nicht gefragt, nicht grundsätzlich. Dafür fehlte mir die Zeit, auch gab es bisher keinen Anlass, war ich doch im Familiengefüge verankert und ansonsten eine berufstätige Frau, Frieda eben, eine lustige Freundin, das auch. Als Teilzeit-Mutter muss ich mich neu verorten in dieser Welt. In den Monaten nach der Trennung erlebe ich mich bewusster als Mutter als in den Jahren davor, als eine Mutter, die regelmäßig ihre Kinder entbehrt und in den Wochen ohne sie einsam ist. Gehe ich mit Paul spazieren, fühle ich mich unvollständig. Ich schaue fremden Familien hinterher und habe mehr als einmal das Bedürfnis, ihnen zu erklären, dass auch ich Kinder habe und wisse, wie das so ist, mit Kindern auf den Kieselsteinen am Isarufer, im Café, in der Tram, alles schon durchgemacht. Ich blicke auf Eis lutschende Kleinkinder herunter wie die herzliche Tante aus einer fernen Kleinstadt, die sich auf Familienfesten um die Kinderbetreuung reißt und bedauert, dass sich eigene Kinder nicht ergeben haben. Obwohl ich mich immer zuerst als Frau und dann als Mutter begriffen habe, weiß ich nicht, welche Frau ich eigentlich bin. Mir fehlen Vorstellungen, Bilder, an die ich anknüpfen könnte. Ich bin Mutter geworden, bevor ich eine erwachsene, berufstätige Frau war. Mein Selbstverständnis ist unbewusst immer noch ein mädchenhaftes und orientiert sich an der Studentin, die ich vor den Kindern war.

Als Erstes gewinnen Freundschaften an Bedeutung. Jetzt habe ich Zeit anzurufen, mich zu verabreden. Öfter sitze ich nun in Cafés, die meisten meiner Freundinnen haben keine Kinder. Einmal besucht mich Mia. In der Küche reden wir über ihren Liebeskummer. Immer wieder gehen wir ihre Treffen durch mit einem Mann, der nicht mehr ans Telefon geht und Nachrichten ignoriert. Mir scheint die Situation eindeutig, doch ich verstehe ihren Schmerz und mache mit bei der Suche nach Zeichen, die sein Verschwinden hätten andeuten können. Nach vier Stunden bin ich erschöpft, im blauen Dunst roter Gauloises drehen wir uns im Kreis. Hatte ich schon mal so ein Gespräch? Mia übertreibt es, und trotzdem gefällt es mir, für ihren Liebeskummer zwei Hände voll Zeit verschenken zu können.

Ich verreise mitten in der Woche, auch das ein Privileg freiberuflicher Teilzeit-Mütter. In Hamburg besuche ich meine Freundin Franziska, sie wohnt in einer WG. Während sie arbeiten geht, schaue ich mich um. Ich sitze in ihrer Wohnung und denke darüber nach, wie ich sie einrichten würde. Ich vergesse, dass hier Menschen wohnen, die nur einen Lebensabschnitt, nicht das ganze Leben, teilen und sich nicht einigen müssen, ob und welchen Stil die Lampen haben sollten.

Ich beobachte, dass es eine Woche dauern kann, bis die Spülmaschine ausgeräumt ist. Ich schlafe bis zwei Uhr. Ich frage mich, ob wir nicht alle etwas Wichtiges verpassen, und erwarte stündlich den Mann mit dem Klemmbrett. Die Frauen um mich herum sind 30, jünger oder älter, *Generation maybe* hat sie jemand genannt. Sie haben einen Freund oder so was in der Art, werden vielleicht mal Eltern sein. Das, was dann folgt, habe ich schon durchgemacht. Kann es sein, dass du gerade die beste Zeit deines Lebens hast, fragt mich eine Freundin. So habe ich das Teilzeit-Mutter-sein noch nie betrachtet. Vielleicht muss ich lässiger werden. Und vielleicht, ja, habe ich dann die beste Zeit meines Lebens.

Ich trinke Himbeerlikör auf Eis und bin Pauls Neue

Das schlechte Gewissen, meine Familie verlassen zu haben, macht es mir lange unmöglich, mich öffentlich mit Paul zu zeigen. Ich weiß nicht, wie ich mich seinen Freunden vorstellen soll, denn ich verstehe mich immer noch als ein Teil meiner Familie, als Ehefrau und Mutter. Nun soll ich Pauls Freundin sein, was sich so anfühlt, als würde ich plötzlich ohne Gepäck reisen. Leicht und aufregend. Wir sind zusammen, weil wir das wollen. Nichts verpflichtet uns dazu, keine Kinder, keine Heirat, nichts. Wir könnten ein leichtsinniges Paar sein, wüsste ich nur wohin mit meinem Gepäck. Ich spreche über Martha und Louise, so wenig wie möglich über Jan. Denn Paul erlebt unsere gewachsene Nähe wie eine Wand, gegen die er verliert, sagt er, und ein anderes Mal: »Du bist mir eine Familie voraus, wie gerne hätte ich diese Erfahrung mit dir geteilt.« Seine Sätze machen mich stumm. Unwiderruflich bin ich Mutter, ja.

In den Ferien, in denen Jan Anna kennenlernt, fahren Paul und ich gemeinsam nach Italien. Es ist die erste Reise ohne meine Kinder, von Pressereisen einmal abgesehen. Und als wir spätnachts bei seinem Freund in der Schweiz ankommen, der uns sein Sofa zur Verfügung stellt, erlebe ich mich zum ersten Mal als Pauls Neue. In einer WG-Küche zwischen vollen Aschenbechern, leeren Flaschen und wild gestapeltem Geschirr höre ich den Geschichten von früher zu und trinke Himbeerlikör auf Eis, weil er mir angeboten wird. Pauls Freund stellt keine Fragen, und so steht mein Lebensgepäck niemandem im Weg in dieser Nacht. Ich bin froh, dass mich nichts in der WG an zuhause erinnert, dass Martha und Louise sicher keinen Platz hätten auf dem Sofa. Später, unter Decken, muss ich mir doch vorstellen, Jan stünde vor mir, sähe mich unter den bunten Fleecedecken und würde fragen: »Frieda, was machst du da?« Lustiges Bild, als ertappte er mich auf der Flucht. Es fühlt sich unrechtmäßig an, das Ferienmachen zu zweit. Auf der ersten italienischen Piazza zwischen Großfamilien halte ich es nicht mehr aus und rufe Martha und Louise an, die mit Jan nach Kroatien gefahren sind. Meine Sehnsucht aber geht ins Leere. »Uns geht es gut, Mama«, sagen sie hastig, ob ich etwas Bestimmtes wolle? Sie würden nämlich gerade spielen.

Die Zeit, schreiben Pädagogen und Psychologen, sei das Wichtigste beim Zusammenwachsen von Patchwork. Langsam und vorsichtig entstehen neue Beziehungen, sie lassen sich weder beschleunigen noch erzwingen. Das Gleiche gilt für das eigene Rollenverständnis innerhalb der Familie. Nach der Trennung vergehen Monate, bis sich unsere neue Konstellation nicht mehr ausgedacht anfühlt und ich neben meinen Kindern unbekümmert als Pauls Freundin auftreten kann.

Kein Platz für unsere Liebe

Paul ist den Kindern von Anfang an ein Freund. Er spielt Brettspiele mit ihnen. Trinkt morgens mit ihnen Kakao. Die von Experten vielfach zitierte Beziehungsunsicherheit zu den Kindern des Partners, meinen Töchtern, sie bleibt aus. Im folgenden Sommer verreisen wir zu viert. Wir zelten. Und Paul, der aus eigener Erfahrung weiß, wie belastend es sein kann, kein rechtes Verhältnis zu einem neuen Stiefelternteil aufbauen zu können, kümmert sich hingebungsvoll um Martha und Louise. Und trotzdem bleibt er ein Gast in unserem Patchwork, ein junger Mann, der unseren elterlichen Treffen und Diskussionen fernbleibt. Er wohnt nicht mit uns zusammen. Sein Lebensrhythmus ist ein anderer. Martha und Louise haben das nach kurzer Zeit akzeptiert, während ich mit meinem Wunsch nach mehr Verbindlichkeit hadere. Geteilte Zeit bleibt besondere Zeit, wir haben keine gemeinsamen Rituale.

Manchmal streiten Paul und ich, und immer öfter schaffen wir es nicht, uns zu einigen. Wir verlieren unsere gemeinsame Sprache, kreisen um die Schuldfrage, rebellieren gegen die Rolle, die uns der andere zuschreiben will, so fühlt es sich an. Wir kennen uns zweieinhalb Jahre, als wir uns beim Ringen um die Balance zwischen Nähe und Distanz abgekämpft und verzweifelt endgültig aufgeben. Auf der Erde ist kein Platz für unsere Liebe, singt die Kafka-Band. Es ist einer der letzten Links, die er mir schickt.

Zwei Fragen habe er, schreibt mein ehemaliger Klassenkamerad David, nachdem ich in meiner Kolumne vom Scheitern der Beziehung erzählt habe. Sei das wahr, was ich schreibe? Und zweitens: Bereue ich? Ich antworte, dass ich nur die Namen geändert habe. Es hat sich alles so zugetragen, ja, und ich bereue es nicht. Aber was heißt das schon. Mich macht die Frage nach der Reue wütend. Was soll aus ihr resultieren? Das Versprechen, es nächstes Mal besser zu machen? Und was heißt: besser? Geht es um Demut? Ist es sie, die bilanziert werden soll? Den Ausstieg aus meiner Ehe zu bereuen – ein niederschmetternder Gedanke.

Wenn mir Paul einfällt, sein liebes Gesicht, sein Haar, muss ich auf meinen Balkon treten und rauchen, auch wenn es mitten in der Nacht ist und ich schon Zähne geputzt habe. Ich schaue auf einen zweistöckigen Flachbau, den jemand zwischen die hohen, alten Häuser gebaut hat, und denke über Zufall und Schicksal nach und erinnere mich an das Ende unserer Beziehung. Ich sehe mich am Fenster sitzen in der Pfeiffer'schen Wohnung. Ich schaue raus und warte auf das vom Wetterdienst angekündigte letzte Sommergewitter. Es ist schwül, die Wolken am Himmel schwarzdunkel. Und als die ersten Winde kommen, wünsche ich mir, Paul wäre da und wäre wie ich Zeuge des Sommeruntergangs. Aber Paul ist nach einem Streit irgendwo in Deutschland unterwegs, und als der Regen horizontal durch unseren Hof peitscht, da weiß ich: Nicht nur der Sommer, diese Beziehung ist vorbei. Ich rauche den Kummer weg, das geht ganz gut, und fühle die Freiheit vor, die unser Ausstieg mit sich bringt, bald, in nächster Zeit.

Ich lerne, Stille zu hören, lasse Zeit verstreichen und sammle Kräfte

Ich bin ohne Freund, zum ersten Mal seit meiner Schulzeit. Single-Mutter, jede zweite Woche Single ohne Mutter. Es wird still um mich, und ich versuche dieser Stille, vor der ich sonst geflohen bin, zuzuhören. Die Stille und ich, wir lernen uns jetzt erst kennen. Als Mutter von zwei kleinen Kindern habe ich bisher kaum etwas mit ihr zu tun gehabt. Ich kenne sie aus Bibliotheken, aber dort sind wir nicht privat. Wirklich begegnen kann ich ihr jetzt als Teilzeit-Mutter, in einem Zimmer für mich allein. Sie begleitet mich in kinderlosen Stunden und Wochen, die mich mutlos gemacht haben, bis ich verstanden habe, dass sie ein Geschenk sind.

Plötzlich zeitreich, erschrecke ich über meine Ausgaben: Wie, schon elf, und ich habe noch nichts geschafft? Ich könnte spazieren gehen, mich in ein Café setzen, Serien gucken, telefonieren! Ich bleibe liegen und höre den Sekunden zu, lasse sie verstreichen. Erst indem ich sie verschwende, scheint die Zeit mir zu gehören. Ich denke darüber nach, dass es üblich ist, Jahre zu verbummeln, bevor man Mutter wird. Dass ich erst jetzt lerne zu bummeln und dass das, abgesehen vom Liebeskummer und dem Vermissen der Kinder, eine Chance ist.

Nur langsam begreife ich, dass meine neue Freiheit als Teilzeit-Mutter und Single viele Möglichkeiten birgt. Jede zweite Woche kann ich Kräfte sammeln. Ich muss niemanden außer mir selbst versorgen. Anfangs bemühe ich mich, möglichst effizient zu handeln und auf diese Weise ein fik-

tives Plus zu erwirtschaften. Schreibend, putzend, telefo-
nierend, feiernd. Doch auf Dauer kann ich nicht vor mir
selbst davonlaufen. Ich lerne, mich auszuhalten. In meiner
alten Familienstruktur hatte ich Zeit für mich, wenn ich
ins Büro fuhr. Arbeitend wäre ich bei mir, dachte ich. Das
stimmt nur bedingt, stelle ich fest. Nach Stunden auf einer
Bank im Englischen Garten beschäftigen mich andere Gedanken als in den kurzen Verschnaufpausen des Familien-
alltags. Ich denke an die alleinerziehende Mutter aus unserer Nachbarschaft mit drei Söhnen, der jüngste ist vier
Jahre alt. Sie arbeitet als Juristin in Teilzeit. Jedes zweite
Wochenende hat sie frei, wenn die Kinder beim Vater sind.
Ich weiß um ihre Erschöpfung nach zehn Tagen Allein-
verantwortung. Und ich beobachte, dass ein Wochenende
nicht ausreicht, um sich körperlich zu erholen, geschweige
denn, sich einmal zu fragen, wie es einem eigentlich
geht.

Teilzeit-Mütter haben mehr Ressourcen

Als Teilzeit-Mutter habe ich regelmäßig Zeit, mir meiner
selbst bewusst zu werden. Das richtet mich innerlich auf,
Martha und Louise spüren das. Diese Ressourcen, schreibt
Hildegund Sünderhauf, kämen den Kindern zugute. Sie
zitiert einen Teilzeitvater, der im Rahmen einer kanadi-
schen Wechselmodellstudie sagte: »Wir können leichter
100 Prozent geben, wenn wir es nur für die Hälfte der Zeit
tun.«[54] Es ist anzunehmen, dass sich Teilzeiteltern ausge-
ruhter ihren Kindern widmen können als Alleinerziehende.

Besonders, wenn sie arbeiten, und das wollen und müssen immer mehr. Seit 2008 erhalten Geschiedene weniger Betreuungsunterhalt. Das bedeutet, dass auch Mütter mit Kleinkindern voll erwerbstätig sein müssen. Eine Doppelbelastung, der das Wechselmodell entgegenwirkt.

Auch der finanziellen. 90 Prozent der Alleinerziehenden sind Mütter, die im Gegensatz zu den Männern mit der Geburt ihres Kindes oftmals ihre Arbeitszeit reduzieren. In Wirklichkeit haben sie zwei Jobs: Sie gehen arbeiten, erziehen ihre Kinder, verzichten auf Zeit für sich selbst und sehen sich mit einem überdurchschnittlich hohen Armutsrisiko konfrontiert, das sich negativ auf das Kindeswohl auswirkt. Die Belastung der Mütter im Residenzmodell ist ungleich höher. Sie führt zu Depression und Burn-out, wissen wir. In einer Gesellschaft, in der fast jeder an seiner Wort Work-Life-Balance bastelt, ist es mir ein Rätsel, warum sich nicht viel mehr Elternpaare um eine paritätische Erziehungspartnerschaft bemühen.

Mehr als die Hälfte aller Hartz-IV-Empfänger seien Alleinerziehende mit Kindern, schreibt Sünderhauf.[55] In einer paritätischen Erziehungspartnerschaft können Vater und Mutter gleichberechtigt Geld verdienen – zumindest theoretisch. Frauen haben die Möglichkeit, sich neben der Kindererziehung auf ihre Karriere zu konzentrieren – selbstverständlich war das bisher vor allem für Männer. Da ich selbstständig bin, kann ich mir meine Arbeitszeiten einteilen und an die Kinderwechsel anpassen. Ein Vorteil, auf den Teilzeiteltern verzichten, die festen Präsenzpflichten nachkommen müssen. Und dennoch kommt das Wechselmodell der Lebensrealität von zwei berufstätigen Eltern entgegen. So weist Hildegund Sünderhauf darauf hin, dass es besonders in den Ländern verbreitet ist, in denen flächendeckend eine ganztätige Kinderbetreuung angeboten wird, die Erwerbstätigkeit von Frauen als selbstverständlich gilt und kaum oder gar kein nachehelicher Unterhalt gezahlt wird – was zum Beispiel in Schweden und Frankreich der Fall ist.[56]

Das Wechselmodell fördert die Unabhängigkeit der Mütter

Wie viele andere Frauen auch zweifle ich öfter an meinen mütterlichen Fähigkeiten, aber ich war und bin meinen Kindern gegenüber aufrichtig – was sie vielleicht eines Tages anerkennen. Ich bemühe mich, ihnen ein authentisches Vorbild zu sein. Dazu gehört auch, dass ich mir die Erziehung mit ihrem Vater teile, seit sie auf der Welt sind. Sie sollen es wie ich als selbstverständlich erleben, dass Vater und Mutter gleichermaßen an ihnen interessiert sind und gemeinsam Sorge für sie tragen. Um unseren Aufgaben als getrennte Eltern gleichberechtigt nachkommen zu können, leben wir das Wechselmodell. Eine kanadische Studie von 2005 zeigt, dass die Erwerbstätigkeit der Eltern vor der Trennung meist nach der Trennung beibehalten wird.[57] Sind Vater und Mutter berufstätig, so entscheiden sie sich doppelt so häufig für das Wechselmodell wie Paare, die sich in Alleinverdiener und Hausfrau aufteilen. Das liegt nahe. Schwer vorstellbar, dass Väter, die ihre Kinder allenfalls sonntags auf den Spielplatz begleitet haben, sie nach der

Trennung mehrere Tage alleinverantwortlich versorgen. Genauso wenig nachvollziehbar wäre es, würden sich berufstätige Frauen entscheiden, fortan alleine zu erziehen und sich in ein Abhängigkeitsverhältnis begeben, das sie vor der Trennung abgelehnt haben. Ihre stärkere Position auf dem Arbeitsmarkt, die das Teilen der Kindererziehung möglich macht, ist aus feministischer Sicht eines der wesentlichen Vorteile des Wechselmodells.

Die wirtschaftliche Unabhängigkeit und die Teilung der familiären Aufgaben sind nach Sünderhaufs Meinung nach wie vor zentrale Ziele der Frauenbewegung. Sie fragt zu Recht, warum sie sich für die Gleichberechtigung *in* der Partnerschaft einsetzt und die Gleichberechtigung *nach* der Partnerschaft bisher kaum diskutiert wurde. In ihrem Buch *Wechselmodell: Psychologie – Recht – Praxis* zitiert sie US-amerikanische Feministinnen, die sich bereits in den 1980er-Jahren zum Wechselmodell geäußert haben und resümierten, dass die Frauen es den Männern traditionell ermöglicht hätten, Beruf und Familie zu vereinbaren, indem sie ihnen ihre Ressourcen zur Verfügung gestellt hätten. Diese sollten sie nun besser für ihre eigenen ökonomischen, sozialen, politischen Ziele nutzen. Im Gegensatz zu anderen Betreuungsmodellen biete das Wechselmodell eine Chance, Geschlechterrollen zu rekonstruieren, also weibliche und männlich Werte zu verändern.[58]

Was in den 1980ern programmatisch klingt, ist für mich damals schon Alltag. Bis zu meinem sechsten Lebensjahr habe ich mit meinem Vater zusammengelebt. Vielleicht ein Grund, warum ich Gleichberechtigung nie diskutiert, schon immer internalisiert hatte: Für mich war es selbstverständlich, dass mein Vater genauso fürsorglich war wie meine Mutter. Selbstverständlich ist das auch für Jan, und hätte er nicht ähnlich gedacht und empfunden, wir wären heute kein Team. Ich konnte auch vor der Trennung meine Ziele verfolgen. Jan hat mich unterstützt, so wie ich ihn. Und doch gab es ein heimliches Mehr an Verantwortung, das jeder von uns in verschiedenen Bereichen übernommen hat. Ich habe einen ordnenden Blick, der Jan fehlt. Und während er Möbel gebaut, die Terrasse bepflanzt oder Fahrräder geflickt hat, habe ich gekocht und gewaschen. Nichts spricht dagegen, das Familienmanagement in klassische Bereiche zu unterteilen. Zum Nachteil wird das erst, wenn einer der Partner stillschweigend mehr Aufgaben übernimmt als der andere.

Väter, so das Ergebnis einer schwedischen Studie zu den »neuen Vätern«, konzentrieren sich eher auf die emotionalen Aspekte der Kinderbetreuung und sehen das Aufräumen, Putzen, Wäschezusammenlegen nicht in einem direkten Zusammenhang mit dem Kindeswohl. Das viel diskutierte bisschen Haushalt bleibt auch bei berufstätigen Paaren, die sich die Kindererziehung teilen, meist Aufgabe der Frau. Dem wirkt das Wechselmodell entgegen: Beide Eltern sind in allen Bereichen gleichermaßen für die Familie verantwortlich. Ein Vorteil vor allem für Mütter, die sich schwer gegen traditionelle Fürsorgepflichten abgrenzen können.

Auch Teilzeitväter haben die Chance, als Bezugsperson zu erstarken

Seit der Trennung begegne ich meinen Töchtern aufmerksamer. Meine Präsenz ist begrenzt, unsere Zeit kostbar, also schaue ich so genau wie möglich hin und höre Martha und Louise zu. Manchmal entdecke ich etwas an ihnen, das mir bisher entgangen ist. Ein Tick, eine Begabung oder Vorliebe. Und manchmal entdecke ich etwas an mir, wie zum Beispiel mein Gespür für ihre Müdigkeit. Ich erkenne sie von Weitem, und nichts kann mich über sie hinwegtäuschen, kein aufgekratztes Erzählen, keine lässige Pose. Ich schaue meinen Töchtern ruhig ins Gesicht, bis sie gähnen oder schlapp zusammenklappen. Ich bin der Meinung, nirgendwo schlafen meine Töchter so einfach und so tief wie in meiner Gegenwart. Erst als Teilerziehende begreife ich es als eine Gabe und Aufgabe, für ihre Erholung zu sorgen. Als nur mehr halbe Mutter richte ich mich auf, gezwungenermaßen nehme ich eine klare pädagogische Haltung ein, die im klassischen Familienmodell niemand vermisst hat. Meine Beziehung zu Martha und Louise hat das gestärkt.

Teilzeitvätern wird es genauso gehen. Auch sie haben die Chance, sich als zweite hauptsächliche Bezugsperson bewusst um ein dichtes Verhältnis zum Kind zu bemühen – was der traditionellen Rollenverteilung nach eine weniger große Rolle gespielt hat. »Mutterschaft ist obligatorisch«, sagte die Entwicklungspsychologin Lieselotte Ahnert 2015 in einem Interview mit *Spiegel online*, »eine Frau bekommt ein Kind und ist Mutter. Vaterschaft dagegen ist fakultativ«.[59] Die Professorin, die an der Universität Wien lehrt, hat in dem Projekt »Central European Network on Fatherhood« zusammen mit fünf weiteren Forschungsgruppen die Vater-Kind-Beziehung untersucht und festgestellt, dass es nicht die sogenannte Quality Time ist, die sie stärkt, sondern das Erleben von Alltagssituationen: das Beruhigen nach einem schlechten Traum, das Abholen vom Kindergarten, ein gemeinsamer Einkauf. Von Kindesgeburt an sind Väter (Mütter auf andere Weise) dazu aufgefordert, ihre Rolle und die Beziehung zum Kind zu gestalten.

Die Generation der sogenannten neuen Väter ist sich dessen bewusst. Sie begleiten ihre Partnerin in den Kreißsaal, schieben Kinderwägen, wickeln, füttern, kurz: Sie sind genauso Basisversorger wie die Mutter. In meinem Umfeld ist mir kein Vater bekannt, für den dieses familiäre Engagement nicht selbstverständlich wäre. Umfragen zufolge fühlen sie sich nach wie vor für die Existenzsicherung des Familieneinkommens zuständig, aber eben nicht mehr allein. Die Mehrheit der Männer und Frauen ist der Meinung, beide sollten sich ums Kind kümmern. Familie ist etwas, das Paare bereichsübergreifend zu zweit managen. Zumindest theoretisch. In der Realität rutschen viele Väter zurück in die Rolle des Hauptverdieners, während die Mutter beruflich zurücksteht, um die Kinder zu betreuen. Mit der Einführung von Vätermonaten, Elterngeld Plus und das Recht auf Teilzeitarbeit, versucht die Politik, dem entgegenzuwirken und verheiratete Paare zu ermutigen, tatsächlich eine gleichberechtigte Elternschaft zu leben. Aber ermutigen uns diese politischen Maßnahmen wirklich, unsere konservativen Familienleitbilder zu korrigieren und uns für eigene, neue Betreuungsstrukturen einzusetzen?

Die meisten Väter werden nach der Trennung zu Freizeitfiguren

Die Förderung der Gleichberechtigung endet mit der Partnerschaft. Ein System, das unterhalts- und sorgerechtstechnisch immer noch davon ausgeht, das Kind gehöre mehr zur Mutter, zwingt die Väter zurück in die zahlende Versorgerrolle. Gesetzlich vorgesehen ist das Residenzmodell. Demnach haben Trennungskinder ihren Lebensmittelpunkt bei einem Elternteil – und der ist in neun von zehn Fällen bei der Mutter. Ob sich die Eltern die Betreuung teilen, in welchem Rhythmus Besuche stattfinden, ist irrelevant – zahlen muss der Vater in jedem Fall, und zwar, wie in Kapitel 5 beschrieben, den vollen Unterhalt. Ganz gleich wie ausgewogen Vater und Mutter die Erziehungsarbeit geteilt haben – nach der Trennung soll nur mehr ein Elternteil dafür zuständig sein. »Gemeinsam erziehen« ist eine Lösung, die weder das Melderecht noch die Kindergeldstelle oder das Steuerrecht anerkennt. Unter diesen Voraussetzungen müssen Väter zu Freizeitfiguren werden.

Ihre Präsenz im Alltag ist zumindest gesetzlich nicht vorgesehen. Deshalb fordern Väterverbände mehr Betreuungszeit, weniger Unterhalt. Bis heute sind getrennte Väter die, die zahlen. Ob und wie sie sich kümmern, bleibt ihnen überlassen – und hängt auch davon ab, wie gut sie mit der Expartnerin kommunizieren. Ihre Rolle ist wenig geschützt, ihr Engagement freiwillig. Als würde mit der Liebe zur Partnerin auch die zum Kind erlöschen und die verbleibende väterliche Fürsorge sei als Großmut zu verstehen. Mir ist kein Vater bekannt, der so denkt und fühlt.

Die gesellschaftliche Realität ist eine andere. Die Diskussion um gemeinsame elterliche Sorge sei immer stark ideologisch geführt, schreibt Hildegund Sünderhauf.[60] In den 1970er-Jahren habe man sich damit auseinandergesetzt, ob das Kind überhaupt Kontakt zum »verlorenen Elternteil« haben sollte, im folgenden Jahrzehnt damit, wie viel Zeit es mit ihm verbringen sollte. Schließlich sei es darum gegangen, ob die Treffen im Alltag oder in der Freizeit stattzufinden hätten (1990er-Jahre), während heute darüber nachgedacht wird, wie die Rahmenbedingungen für ein Wechselmodell aussehen könnten. Wir gehen inzwischen davon aus, dass Väter genauso Fürsorgepflichten übernehmen können wie Mütter.

Im paritätischen Wechselmodell haben sie die größte Chance, ihre Beziehung zum Kind weiter zu pflegen. Meist sind sie sogar stärker an der Kinderbetreuung beteiligt als vor der Trennung – das hat eine kanadische Studie bereits 1984 bestätigt.[61] Zu vereinbarten Zeiten sind sie als Väter vollumfänglich für das Kindeswohl verantwortlich, ohne Hilfe, aber auch ohne Kritik seitens der Mutter. So wird seit mehr als zehn Jahren diskutiert, inwieweit das Maternal Gatekeeping, die Weigerung der Mütter, Verantwortung abzugeben, den engagierten Vätern im Wege steht. Dieses Problem haben Teilzeitväter nicht, sie organisieren den Alltag mit Kind ohne mütterliches Back-up. Das präzisiert ihre Beziehung. Sie entwickeln eigene Rituale und Strategien, ihre Fürsorge ist eine rein väterliche, und das Kind erlebt: So macht es Papa, Mama macht es womöglich anders. Ähnlich wie bei Alleinerziehenden steht es im Zentrum der Aufmerksamkeit, seine Bedürfnisse können stärker berücksichtigt werden als zuvor.

Jochen König, Autor und Blogger und Vater von zwei Kindern, ist nicht nur engagierter Vater, er entscheidet sich für einen Rollenwechsel. In seinem Buch *Fritzi und ich. Von der Angst eines Vaters, keine gute Mutter zu sein* beschreibt er, wie er als alleinerziehender Vollzeitvater seiner Tochter Fritzi die Aufgaben übernimmt, die als typisch mütterlich gelten – weil er sich dafür entschieden hat.[62] Er steht eintönigen Babyalltag durch, schlaflose Nächte, Kinderkrankheiten und Elternabende, während Fritzis Mutter arbeiten geht und an vereinbarten Tagen das Kind besucht. Anfangs sind die Eltern ein loses Paar, getrennt lebend, sich einander zu-, dem klassischen Familienmodell gegenüber abgewandt, später werden sie sich trennen.

Jochen König ist mehr Vater als ich je Mutter war, denke ich, wenn ich seine liebevollen Beobachtungen lese. In seinem Buch wehrt er sich gegen den Vorwurf, keine gleichberechtigte Beziehung zu leben, sondern die klassische Aufgabenteilung nur schlicht umgedreht zu haben: »Dass Gleichberechtigung nicht bedeutet, dass beide Eltern die exakt gleiche Anzahl Windeln wechseln, ist vielen neu. Wir leben in einer Gesellschaft, die passend zum zugeschriebenen Geschlecht strikte Rollenmuster bereithält. Für Frauen gehören dazu auch heute noch vor allem häusliche Aufgaben.«[63] Jochen König empfindet als Vater eine ebenso besondere Verantwortung wie die Mutter und beschreibt, wie staunend sein Umfeld darauf reagiert. Auf dem Cover wird er als echter »neuer Vater« bezeichnet, als einer, der Rollenklischees bekämpft, indem er einer Fürsorgepflicht nachkommt, die viele andere Männer so nicht empfinden.

Und Jan? Ist manchmal Teilzeit- aber vor allem Patchworkvater

Nach unserer Trennung hat sich Jan vorübergehend zum Löwenvater entwickelt, der seine Arbeitszeiten reduziert, um für seine Töchter da zu sein. Sie waren ihm nun das Kostbarste. Ähnlich wie ich blickte er mit einem neuen Stolz auf unsere Mädchen. Schützend stellte er sich vor sie und warf mir vor, mit meinem Auszug egoistisch gehandelt zu haben.

Das ändert sich schlagartig, als Jan mit Anna zusammenzieht. Nun ist er Patchworkvater, Anführer eines Wanderzirkus, wie er es selbst formuliert. Ab jetzt teilt er sich die Erziehungsaufgaben mit Anna. Er sorgt genauso für ihre wie für unsere Kinder. Ich kann nicht beurteilen, wie sich das auf sein Verhältnis zu Martha und Louise auswirkt. Immer noch hat er eine enge Bindung zu seinen Töchtern, vielleicht ist sie etwas weniger exklusiv als in den Monaten nach meinem Auszug. Martha und Louise teilen seine Aufmerksamkeit mit neuen Familienmitgliedern. Sie erleben ihren Vater kaum mehr allein.

Während Jan versucht, die Bedürfnisse von sechs Personen zu koordinieren, fokussiere ich mich auf unsere drei und kann mich nach ihnen richten. Meist bedeutet das, das wilde Villa-Kunterbunt-Leben aufzufangen, das Martha und Louise bei ihrem Vater führen, und für Ruhe zu sorgen. Ich denke, als Teilzeiteltern ergänzen wir uns gut. In manchen Momenten aber vermissen die Mädchen ihren Vater. Sie stellen dann fest, dass sie so gut wie nie etwas mit ihm alleine machen.

Ein Phänomen, das ich von meinem Vater kenne.

Innerhalb eines neuen Familienverbundes scheint die Primärfamilie in den Hintergrund zu rücken. Dabei wünscht man sich als Kind so sehr, auch mal Zeit mit dem leiblichen Elternteil zu verbringen – ohne den neuen Anhang. Es hat etwas Existenzbestätigendes, sich gemeinsam daran zu erinnern, wie einmalig die Beziehung zum Vater, zur Mutter ist. Teilzeiteltern bestätigen das permanent. Und obwohl mein Vater dreieinhalb Jahre mit mir allein gelebt hat – so wie der Autor Jochen König mit seiner Tochter –, hat er die erzieherische Verantwortung weitestgehend meiner Stiefmutter überlassen, sobald sie bei uns eingezogen war. Das mag auf sein Selbstverständnis zurückgehen, das in den 1980er-Jahren nicht dem der »neuen Väter« entsprach. Er übernahm die Fürsorge, weil es notwendig war, nicht weil er den Wunsch hatte, eine ebenso große, ja sogar größere erzieherische Verantwortung zu übernehmen als meine Mutter. Es hat ihm nichts ausgemacht, mich zu betreuen. Innerhalb seiner neuen Familie aber wurde das wieder zur Aufgabe der Frau. Sein elterliches Verantwortungsbewusstsein ist in einer klassischen Rollenverteilung aufgegangen.

Sie prägt unsere Gesellschaft bis heute. Und trotzdem ist die Abwesenheit der Väter weniger selbstverständlich. Sie ist das Ergebnis einer Entscheidung, die gesellschaftlich immer noch akzeptiert und (unfreiwillig) gefördert wird. Eigentlich wissen wir, dass wir als Eltern gleichberechtigte Erziehungspartner sind. Dass Fürsorglichkeit, Wärme und Hingabe keine geschlechterabhängigen Begabungen sind und uns ein veraltetes Mutterideal bei den Versuchen behindert, neue Familienstrukturen zu leben, in denen Väter genauso präsent sind wie Mütter. Im paritätischen Wechselmodell haben sie die Chance dazu.

Ungleiche Mannschaften im Patchwork-Wechselmodell

Seit ich meine Familie aufgelöst und geteilt habe, fordert sie mich permanent auf, mich mit ihr auseinanderzusetzen. Sie zu gestalten. Mir meiner Bedürfnisse bewusst zu werden und die der anderen Familienmitglieder zu respektieren. Aufmerksamer als zuvor blicke ich auf meine Kinder. Und weil es ihnen verdammt noch mal gut gehen soll, spannen Jan und ich ein engmaschiges Netz über unsere Familienhälften, das sie zusammenhalten soll. Das ist unser Wunsch, der in der Realität mitunter das Gegenteil bewirkt: Einander nah erkennen wir deutlich, dass wir getrennt sind. Trotzdem probieren wir es immer wieder: Damit wir eines Tages vielleicht gemeinsam in die Ferien fahren können, sagt Anna, die von uns als Großfamilie träumt.

Plötzlich ist es so weit. Jan und Anna, Annas Schwester, Annas Kinder, Louise und Martha und ein Klassenkamerad reisen mit Kanus durch Schleswig-Holstein und möchten für eine Nacht bei meiner Mutter einkehren. Das erfahre ich von Louise, die sagt: »Komm bitte auch, Mama.« Ich zögere und verspreche nachzukommen. Mein Vater wird ein Fest geben, er wohnt in der Nähe meiner Mutter, da bietet es sich an, vorbeizuschauen und die Zusammenkunft zu bewundern. Ich bin stolz auf die Gastfreundschaft meiner

Mutter, für die Patchwork lange etwas war, das sie auf Tür-schwellen verhandelte. Sogar meine Großmutter macht mit und bereitet Nudelauflauf zu.

Nach neun Stunden Zugfahrt erreiche ich gegen Mit-ternacht mein Elternhaus, es ist dunkel. »Sie schlafen im Wohnzimmer«, flüstert meine Mutter und zeigt auf die ver-schlossene Tür. Sie erklärt: »Sie ist zu, der Hund soll nicht die Katzen jagen.« Das verstehe ich, nur hätte ich gerne meine Kinder geküsst, eine Woche habe ich sie nicht ge-sehen. Sie liegen aber hinter dieser Tür als Teil einer an-deren Besetzung, die gerade privat ist. Meine Mutter hat mir das Bett in meinem ehemaligen Kinderzimmer bezo-gen. Etwas ratlos setze ich mich. Meine Mutter und mein Stiefvater bleiben stehen. Wir haben jeder ein Glas mit Rot-wein in der Hand und flüstern. Wir wissen, dass das jetzt hier alles etwas seltsam ist. Unsere gewohnte Besetzung ist durcheinandergewirbelt, der Platzmangel hat mich zum Kind erklärt, oder bin ich das selbst?

Am nächsten Morgen fotografiere ich wie ein Tourist. Ein vertrauter Ort, nun neu besetzt. Ich beobachte, wie gut es sich in großer Runde isst, erzählt, erinnert. Bald kenne ich die Geschichten auswendig, als wäre ich dabei gewesen. Ich lache mit, höre zu. Mir fällt auf, dass es sehr viele Menschen sind und ich nur ein einzelner, dass ich verlieren werde, sollte ich mich ihnen in den Weg stellen. Autos fahren vor, Jans Bruder taucht auf, um die Boote zu verladen, es soll weitergehen, nur Martha und Louise bleiben.

Um zwölf ist es abrupt still. Wir hängen auf Stühlen, un-fähig, uns zu bewegen. Louise beginnt eine Geburtstags-karte: Lieber Opa, alles Gute zu deinem 60. Geburtstag.

Weiter kommt sie nicht, sie wird die Karte vergessen. Wir erreichen das Gartenfest meines Vaters knapp. Waren die Kinder eben noch Teil einer Großfamilie, so stellen wir uns hier als Trio vor. Die Besetzung für eine Nacht, bevor meine Exschwiegermutter Martha und Louise am nächsten Morgen abholt, um sie dem Patchwork hinterherzufahren.

Als sie weg sind, setze ich mich in den Garten und rauche. Meine Mutter steht hinter mir und legt ihre Hände auf meine Schultern. Seit 36 Jahren versuchen wir, Familie zu sein. In unterschiedlichen Formen, an unterschiedlichen Orten. Eine Aufgabe, die wir nicht abgeben können, die uns an unsere Grenze führt, an der wir schweigend festsitzen. Ich denke Fußballsätze: Nach dem Spiel ist vor dem Spiel. Wir waren gut aufgestellt und haben alles gegeben. Wir werden noch Einzelgespräche führen, damit sich keiner verletzt. Leer und verschwitzt steige ich in den Zug nach München.

Und wir machen trotzdem weiter

An Tagen wie diesen möchte ich aussteigen. Ich schreibe Jan eine SMS: Bin raus. Ihr seid eine Familie, in der ich keinen Platz habe. Ich verliere gegen euch sechs. Macht ohne mich weiter. Und Jan antwortet, dass er mich sehr wohl braucht. Als Mutter seiner Kinder. Als Freundin. Und dass wir das schaffen. Ausgerechnet Jan, der unsere Trennung mit den Worten kommentierte: Fuck Patchwork. Alles, was nach uns kommt, ist B-Ware. Jan, der seine neue Familie heute liebevoll »Wanderzirkus« nennt und der Meinung ist, dazugewonnen zu haben: Anna, die Kinder und mich als Erziehungspartnerin. Schaue ich auf unsere Töchter, verstehe ich, was er empfindet: Es sind glückliche Mädchen. Fröhlich. Offen und neugierig. Doch, wir sind reich. Als Paar mögen wir gescheitert sein, als Eltern sind wir stärker geworden. Wir haben es geschafft, ein Team zu bleiben und uns als Lebenszeugen nicht zu verlieren. In einem gemeinsamen Interview mit dem *SZ-Magazin*, das zum Abschluss meiner Kolumne geführt wurde, sagt Jan: »Ich empfinde für Frieda ein Liebesgefühl, trotz allem. (...) Natürlich hatten wir Probleme miteinander. Viele haben sich aber dadurch gelöst, dass wir nicht mehr ein Paar sind. Eltern sind wir noch immer.«[64] Seine Worte sind mir kostbar. Sie drücken eine Wertschätzung aus, die ich umgekehrt genauso empfinde.

Aus dieser Haltung heraus haben wir uns entschieden, Teilzeiteltern zu werden. Es ist ein Betreuungsmodell, das begreift, »dass die andauernde und beharrliche Natur der Eltern-Kind-Bindung durch eine Scheidung nicht verschwindet«,[65] schreibt die Psychologin Susan Steinmann 1981. Sie ist eine der ersten Wechselmodellforscherinnen und wird als solche von Hildegund Sünderhauf in ihrem Buch *Wechselmodell: Psychologie – Recht – Praxis* zitiert. Das Wechselmodell, erklärt Steinmann, würde trotz der Trennung der wertvollen Struktur der Ursprungsfamilie gerecht werden, die für das Aufwachsen der Kinder von Bedeutung ist. Außerdem greife es die Realität der Veränderungen in Gesellschaft und Familie auf.[66]

Eine Feststellung, die 25 Jahre später immer noch gilt. Dass wir als Teilzeiteltern gleichberechtigte Chancen haben, unsere Beziehung zum Kind zu gestalten und zu pflegen, ist einer der Gründe, warum das Wechselmodell in Deutschland und international in der Praxis an Bedeutung gewinne, schreibt Familienrechtlerin Sünderhauf.[67] Es kommt dem Rollenwandel, der mit den »neuen Vätern« und den erwerbstätigen Müttern einhergeht, entgegen. Beide Elternteile können arbeiten gehen und haben regelmäßig Zeit, ein außerfamiliäres Privatleben zu pflegen. Einen weiteren Aspekt für die wachsende Popularität des Wechselmodells sieht Sünderhauf in der Angst vor einem Sorgerechtsstreit. Abwechselnde Betreuung ist ein Kompromiss, auf den sich Eltern wie Kinder meist ohne Gerichtsverfahren einigen können.[68]

Indem wir uns die Erziehungsarbeit teilen, haben Jan und ich uns zu selbstbewussten, voneinander unabhängigen Bezugspersonen entwickelt. Waren wir zu Ehezeiten ein nicht näher definiertes elterliches Kollektiv, so wissen wir nun um unsere individuellen Qualitäten. Welche Mutter ich bin, was mich ausmacht, habe ich erst als Teilzeit-Mutter erfahren, weil ich anders als im klassischen Familienmodell immer wieder gezwungen werde, mich in Absprache mit Jan zu positionieren. Erst wenn wir uns beide bewusst sind, was wir uns für unsere Töchter wünschen, können wir das auch kommunizieren. Das fordert uns heraus, bequem ist das Wechselmodell nicht.

Ich habe mich gefragt, ob ich meine Familie verlassen darf. Ob halbe Mütter sich zwangsläufig in Rabenmütter verwandeln, und ob meine Töchter, hin- und hergerissen zwischen zwei Haushalten, als bindungsgestörte, entwurzelte Wesen enden. Die Antworten lassen sich so zusammenfassen: Es ist alles so schlimm wie angenommen, das

Vermissen übermächtig. Als halbe Mutter lebe ich einen Kompromiss, einerseits. Andererseits habe ich nach zwei Jahren Wechselmodell verstanden, dass ich meine Familie nicht verlassen und verloren habe. Ihre Form hat sich verändert, mein Verständnis von Familie geweitet. Obwohl oder gerade weil ich als Trennungskind aufgewachsen bin, Stiefeltern und -geschwister sowie Wechsel zwischen Vater und Mutter zur Alltagsrealität gehörten, galt für mich lange das Ideal der klassischen Familie. Mich davon zu lösen bedeutete, in wenigen Monaten zu begreifen, wofür unsere Gesellschaft Jahrzehnte gebraucht hat: dass Familie ist, wo Menschen mit Kindern zusammenleben, füreinander Verantwortung übernehmen und gemeinsam Alltag gestalten. Dass sich mit dem Kompromiss, der Patchwork bedeutet, die Chance aufdrängt, neue Beziehungen einzugehen, Vorbilder zu entdecken, sich im Spiegel der anderen kennenzulernen. Toleranz zu üben, Nähe zu proben.

Mit meinem Auszug hat meine Familie ihre Selbstverständlichkeit verloren, plötzlich musste ich mich noch einmal für sie entscheiden. Mutter sein wollen. Das hat mein Verhältnis zu den Kindern verdichtet und präzisiert. Ich bin nicht weniger, sondern mehr Mutter als zuvor: bewusster, entschiedener, aufmerksamer. Gleichzeitig habe ich das Alleinsein gelernt, ein Privileg, ist es doch immer noch keine Tradition, als Mutter Zeit für sich selbst zu beanspruchen. Indem ich meine Familie verließ, bin ich erwachsen geworden, so fühlt es sich an. Mitten in der Trauer darüber, zu viert gescheitert zu sein, habe ich mich als Frau und Mutter emanzipiert und ein Zimmer für mich allein gemietet – ohne meine Familie zu verlieren.

Im Laufe des Kolumnen-Jahres haben mich viele Leser-briefe erreicht. Sie stammen von Müttern, die den Ab-schiedsschmerz teilen oder ihre eigene Geschichte erzählen möchten. Manche bedauern, dass sie mit dem Expartner keinen außergerichtlichen Kontakt pflegen können. Ihnen möchte ich Mut machen, es im Rahmen der Möglichkei-ten weiterhin zu versuchen – die Zeit ist meist auf unserer Seite. Ein wohlgesonnener Gedanke, ein zugewandter Satz über den Vater (oder die Mutter) können ausreichen, um die Situation der Kinder zu erleichtern.

Andere Mütter schreiben mir, dass meine Geschichte bestätige, es gebe kein »Standardmodell Mutter«. Dass sie trotzdem haderten mit ihrer Entscheidung, sich zu trennen, und sich fragten: »Darf ich egoistisch sein? Mich als Teilzeit-Mutter ›richtig gut fühlen‹?« Ja, das dürfen wir, und ich bin froh, mit meinen Beobachtungen jene erreicht zu haben, die bisher glaubten, sie seien alleine mit ihren Zweifeln. Dazu gehören auch Väter, die das Wechselmodell leben und ihre Kinder genauso vermissen wie Teilzeit-Mütter. Einer von ihnen schreibt: »Das Gefühl der Zerrissenheit und der Un-vollständigkeit spricht mir aus der Seele.«

Ich bekomme auch Post von Kinderlosen, die meine Nöte und Freuden nachvollziehen können, von erwachse-nen Trennungskindern, die ihre Vergangenheit noch ein-mal anders betrachten, nachdem sie die Perspektive einer Teilzeit-Mutter kennengelernt haben. Und Großmütter schreiben mir, sie nehmen teil an den Sorgen ihrer Töchter, sind eingebunden in Familienmodelle, die in ihrer Gene-ration unvorstellbar gewesen wären. Abschied zu nehmen vom traditionellen Familienverständnis, neue Rollenbilder zu entwickeln ist etwas, das generationenübergreifend Frauen und Männer, Mütter wie Väter gleichermaßen beschäftigt.

Keine gesellschaftliche Institution hat sich in den vergangenen Jahren so sehr gewandelt wie die Familie. Ihre Formen sind vielfältig, wir haben die Freiheit und das Recht, die für uns richtige zu suchen und zu leben – allen Vorurteilen zum Trotz. Jede Trennung ist eine Katastrophe, bedeutet aber nicht das Ende der Familie. Sie bleibt. Sie wird uns für den Rest des Lebens herausfordern, sich den Umständen anpassen und mitwachsen – vielleicht meine tröstlichste Erfahrung als Teilzeit-Mutter.

Tröstlich auch für Leserin Anika, die schreibt, sie habe ihren Kinderwunsch lange ignoriert, zu groß sei ihre Angst gewesen, sich eines Tages zu trennen und als Single-Mama zu enden. Meine Kolumne aber habe sie überzeugt: »Man stirbt nicht und verfällt auch nicht in Depressionen, weil man eine Familie auflöst. Mir ist ein riesiger Ballast von der Seele gefallen, so etwas wie der Druck eines Ideals.« Ob sie eine Familie gründen wird? Ich wünsche es ihr.

Dank

Martha, Louise, Jan, euch und unserer gewachsenen Familie ist dieses Buch gewidmet. Danke, dass ihr geduldig und großmütig seid. Danke Gäbschke, dass du uns aufgenommen hast in Haus und Herz und mich immerzu stärkst.

Anmerkungen

1 Melanie Mühl: *Die Patchworklüge. Eine Streitschrift,* München 2011, S. 8.

2 Christina Mundlos: *Mütterterror. Angst, Neid und Aggressionen unter Müttern,* Marburg 2013, S. 45.

3 Cornelie Kister: »Kleine Kinder, große Fragen«, in: *Süddeutsche Zeitung Magazin,* Heft 47/2011.

4 Orna Donath: *Regretting Motherhood. Wenn Mütter bereuen,* München 2016, S. 13.

5 Christina Mundlos: *Wenn Muttersein nicht glücklich macht. Das Phänomen Regretting Motherhood,* München 2015, S. 14.

6 Sarah Fischer: *Die Mutterglück-Lüge. Regretting Motherhood – Warum ich lieber Vater geworden wäre,* München 2016.

7 Orna Donath: *Regretting Motherhood,* München 2016, S. 15 ff.

8 Esther Göbel: *Die falsche Wahl. Wenn Frauen ihre Entscheidung für Kinder bereuen,* München 2016, S. 15.

9 Susanne Mayer: »Geht's noch?«, in: *Zeit online,* 14.03.2016.

10 Edo Reents: »Bereute Mutterschaft: Lass es wegmachen, oder was?«, in: *FAZ,* 20.03.2016.

11 Christina Mundlos in Stern TV: »Wenn Frauen bereuen, Mutter zu sein«, Sendung vom 17.02.2016.

12 Élisabeth Badinter, Video-Interview in »Geliebte Fein-dinnen. Ein Film über die ganz besondere Beziehung zwischen Mutter und Tochter«, *Geo Wissen*-DVD der Ausgabe »Mütter, wie sie uns ein Leben lang prägen«, Nummer 52, 11/13.

13 Élisabeth Badinter: *Geschichte eines Gefühls vom 17. Jahrhundert bis heute*, München 1981, 4. Auflage 1999, S. 13.

14 Gaby Gschwend: *Mütter ohne Liebe. Vom Mythos der Mutter und seinen Tabus*, Mannheim 2009, S. 13.

15 Alina Bronsky und Denise Wilk: *Die Abschaffung der Mutter. Kontrolliert, manipuliert und abkassiert – Warum es so nicht weitergehen darf*, München 2016.

16 Alina Bronsky im Kulturgespräch zum Internationalen Frauentag mit Kathrin Hondl, SWR2, 08.03.2016.

17 Christa Meves: »Die ersten drei Jahre sind grund-legend«, Interview in der *FAZ*, 06.02.2007.

18 Sabine Diabaté: »Mutterleitbilder heute: Zwischen Au-tonomie und Aufopferung« in »Bevölkerungsforschung aktuell. Analysen und Informationen aus dem Bundes-institut für Bevölkerungsforschung«, Ausgabe 3, 2015, S. 4.

19 Sabine Diabaté zitiert in: »Wenn die Mutter nach der Trennung auszieht«, ein Beitrag von Wibke Bergemann, Deutschlandradio Kultur, 29.06.2015.

20 Gaby Gschwend: *Mütter ohne Liebe*, Mannheim 2009, S. 29.

21 Sabine Diabaté: »Mutterleitbilder heute. Analysen und Informationen aus dem Bundesinstitut für Bevölke-rungsforschung«, Ausgabe 3, 2015, S. 6ff.

22 Christine Henry-Huthmacher: Zusammenfassung der Studie »Eltern unter Druck. Selbstverständnisse, Befindlichkeiten und Bedürfnisse von Eltern in verschiedenen Lebenswelten«. Eine sozialwissenschaftliche Untersuchung von Sinus-Siciovision im Auftrag der Konrad-Adenauer-Stiftung, 2008, abgerufen unter: www.kas.de/upload/dokumente/2008/02/080227_henry.pdf, am 13.09.2016

23 WSI Report 22, Gender News: »Große Unterschiede in den Arbeitszeiten von Frauen und Männern. Ergebnisse aus dem WSI Genderdatenportal«, 03/2015, abgerufen am 13.09.2016 unter: www.boeckler.de/pdf/p_wsi_report_22_2015.pdf

24 »Alleinerziehende: Lebens- und Arbeitssituation sowie Lebenspläne«, Ergebnisse einer Repräsentativumfrage im Herbst 2008, Bundesministerium für Familie, Senioren, Frauen und Jugend, abgerufen am 13.09.2016 unter: www.bmfsfj.de/BMFSFJ/familie,did=31498.html

25 Thomas Rauschenbach zitiert in »Bundesverfassungsgericht entscheidet über Betreuungsgeld« am 21.07.2015, Webseite des Deutschen Jugendinstituts München, abgerufen am 13.09.2016 unter: www.dji.de/?id=80&tx_ttnews%5Btt_news%5D=204&cHash=5255e2388748dc92a27634f85002b15c

26 Wibke Bergemann: »Wenn die Mutter nach der Trennung auszieht«, Deutschlandradio Kultur, 29.06.2015.

27 https://vomwerdenzumsein.wordpress.com/2015/02/07/wochenend-mutter/, abgerufen am 13.09.2016.

28 Simone Peter: »Sechs Tage Karriere, ein Tag für das Kind«, Interview mit *Bunte* am 04.03.2015, abge-

rufen am 13.09.2016 unter: www.bunte.de/politik/ simone-peter-sechs-tage-karriere-ein-tag-fuer-das- kind-117799.html

29 Hildegund Sünderhauf: »Getrennt erziehen im Wechselmodell«, in: *frühe Kindheit*, 02/2016, S. 16.

30 Hildegund Sünderhauf: *Wechselmodell: Psychologie – Recht – Praxis,* Wiesbaden 2013.

31 Dr. Michaela Schier u.a.: »Wenn Eltern sich trennen: Familienleben an mehreren Orten«, DJI online, Dezember 2011, abgerufen am 14.09.2016 unter: www.dji.de/ ?id=42737

32 Hildegund Sünderhauf: *Wechselmodell: Psychologie – Recht – Praxis,* Wiesbaden 2013, S. 80.

33 Ebd., S. 156.

34 Ebd.

35 Hildegund Sünderhauf: »Getrennt erziehen im Wechselmodell«, in: *frühe Kindheit*, 02/2016, S. 19.

36 Ebd., S. 20.

37 Ebd.

38 Dr. Christina Klenner zitiert in »Getrennt erziehen im Wechselmodell«, in: *frühe Kindheit*, 02/2016, S. 20.

39 Dr. Michaela Schier u.a.: »Wenn Eltern sich trennen«, DJI online, Dezember 2011.

40 Hildegund Sünderhauf: »Getrennt erziehen im Wechselmodell«, in: *frühe Kindheit*, 02/2016, S. 18.

41 Sabine Walper und Ulrike Lux: »Das Wechselmodell nach Trennung und Scheidung in der Diskussion«, in: *frühe Kindheit*, 02/2016, S. 9.

42 Sabine Walper zitiert in »Trennungskinder sollen mehr als ein Zuhause haben«, ein Beitrag von Sabine

Menkens für *Die Welt* am 21.04.2016, abgerufen am 14.09.2016 unter: www.welt.de/politik/deutschland/article154583453/Trennungskinder-sollen-mehr-als-ein-Zuhause-haben.html

43 Hildegund Sünderhauf: *Wechselmodell: Psychologie – Recht – Praxis,* Wiesbaden 2013, S. 169.

44 Hildegund Sünderhauf: »Getrennt erziehen im Wechselmodell«, in: *frühe Kindheit,* 02/2016, S. 23.

45 Hildegund Sünderhauf: *Wechselmodell: Psychologie – Recht – Praxis,* Wiesbaden 2013, S. 101 ff.

46 Ebd., S. 358.

47 Joseph Salzberger: »Das Wechselmodell nach Trennung und Scheidung«, in: *frühe Kindheit,* 02/2016, S. 43.

48 Felicitas von Lovenberg: *Und plötzlich war ich zu sechst. Aus dem Leben einer ganz normalen Patchworkfamilie,* Frankfurt 2014, S. 199 ff.

49 Dr. Michaela Schier und Anna Proske: »Ein Kind, zwei Zuhause« in DJI Bulletin, 01/2010, Heft 89, S. 12, abgerufen am 14.09.2016 unter: www.alleine-erziehen.de/files/83559271303883545452.pdf

50 Felicitas von Lovenberg: *Und plötzlich war ich zu sechst,* Frankfurt 2014, S. 191.

51 Hildegund Sünderhauf: *Wechselmodell: Psychologie – Recht – Praxis,* Wiesbaden 2013, S. 315.

52 Ebd.

53 Ebd., S. 313.

54 Ebd., S. 51.

55 Ebd., S. 50.

56 Ebd., S. 51.

57 Ebd., S. 158.

58 Ebd., S. 160.

59 Lieselotte Ahnert: »Mütter müssen Väter machen lassen«, Interview, *Spiegel online* vom 20.12.2015, abgerufen am 14.09.2016 unter: www.spiegel.de/panorama/gesellschaft/psychologin-lieselotte-ahnert-muetter-muessen-vaeter-machen-lassen-a-1068797.html

60 Hildegund Sünderhauf: *Wechselmodell: Psychologie – Recht – Praxis,* Wiesbaden 2013, S. 249.

61 Ebd., S. 48.

62 Jochen König: *Fritzi und ich. Von der Angst eines Vaters, keine gute Mutter zu sein,* Freiburg 2013.

63 Ebd., S. 32.

64 Jan: »Es gibt eine Papa-Welt und eine Mama-Welt, und beide sind gut«, Interview, *SZ-Magazin online* vom 06.07.2016, abgerufen am 14.09.2016 unter: http://sz-magazin.sueddeutsche.de/texte/anzeigen/44755/Es-gibt-eine-Papa-Welt-und-eine-Mama-Welt-und-beide-sind-gut

65 Susan Steinmann zitiert in Hildegund Sünderhauf: *Wechselmodell: Psychologie – Recht – Praxis,* Wiesbaden 2013, S. 204.

66 Ebd.

67 Ebd., S. 203.

68 Ebd., S. 204.